भारतीय
कहावतों की कथायें

राधाकांत भारती

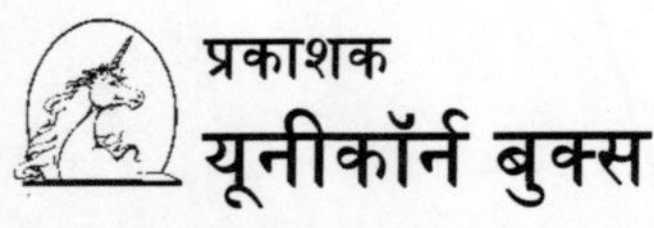
प्रकाशक
यूनीकॉर्न बुक्स

F-2/16, अंसारी रोड़, दरियागंज, नई दिल्ली-110002
23275434, 23262683ए 23250704 • 011-23257790
ई-मेल: info@unicornbooks.in • वेबसाइट: www.unicornbooks.in

शाखा : मुम्बई

23-25, जाओबा वाड़ी, ठाकुरद्वार, मुम्बई-400002
022-22010941, 022-22053387
ई-मेल: rapidex@bom5.vsnl.net.in

ISBN: 978-81-7806-394-2

संस्करण : 2019

मुद्रक: परम ऑफसेटर्स, ओखला, नई दिल्ली-110020

समर्पण

यह संकलन चौपाल के चपल सुजान तथा
चहकनेवाली उन महिलाओं के नाम जिन्होंने
कहावत और कथाओं की परंपरा को
सजीव बनाए रखा है !

राधाकान्त भारती

भूमिका

कहावतों के सहारे अपना कथन

यह माना जाता है कि प्रत्येक कहावत के पीछे कोई-न-कोई घटना या कथा मौजूद है, लेकिन बहुत कम लोगों को इसकी जानकारी रहती है। इस प्रकार की जानकारी हो जाने पर कहावतों के उपयोग में सरलता और सहजता आएगी, साथ ही वह सटीक भी लगेगी।

कहावत या लोकोक्ति का प्रचलन कब और कैसे हुआ, इसके बारे में निश्चित रूप में कुछ नहीं कहा जा सकता; किंतु पढ़े-लिखे महाज्ञानी से लेकर अनपढ़ तक, शहर से गांव तक और हर जाति, वर्ग एवं समुदाय में कहावतों का प्रचलन रहा है। निश्चित यह है कि भाषा के साथ ही सटीक अभिव्यक्ति के रूप में इसका प्रचलन बना रहेगा। कहावत और मुहावरे के बीच अंतर को लेकर लोगों में भ्रांतियाँ हैं। इस अंतर को ठीक से नसमझने की वजह से एक को दूसरे वर्ग का मान लिये जाने की भूल भी हुआ करती है। हालांकि कहावतों और मुहावरों में अधिक अंतर नहीं है, फिर भी दोनों में मूलभूत अंतर है। कहावतों का संबंध लोकजीवन में घटी किसी घटना से हुआ करता है, जिसे कालांतर में वैसे ही प्रसंग आने पर उदाहरण के रूप में कहा जाता है। कहावत अपने आप में एक पूर्ण उक्ति है, जबकि मुहावरे का उपयोग किसी वाक्य को साथ लेकर ही किया जा सकता है। लेकिन कालक्रम से कई कहावतें मुहावरोंके रूप में तथा कई मुहावरे कहावतों के रूप में प्रचलित हो गए हैं।

कोई भी भाषा मानव अभिव्यक्ति का सशक्त माध्यम होती है। मानव सभ्यता के विकास के साथ-साथ अभिव्यक्ति के इन माध्यमों का भी विकास होता रहा है। भाषाके माध्यम से की जानेवाली अभिव्यक्ति को समृद्ध, बोधगम्य तथा अधिक प्रभावशाली बनाने के लिए अनेक प्रकार के प्रयास किए जाते रहे हैं। उदबोधन और

सामाजिक व्यवहार में अभिव्यक्ति को अधिक प्रभावोत्पादक बनाने के लिए लोकोक्ति या कहावत का विशेष महत्तव है। इसके उपयोग से लोक-व्यवहार तथा अभिव्यक्ति में प्रभाव, मार्मिकता तथा अनूठापन आता है।

प्रस्तुत पुस्तक 'कहावतोंकी कथाएँ' के माध्यम से मैं सुविज्ञ पाठकों के मन को छू पाने का प्रयास कर रहा हूँ, इस प्रयास में कहाँ तक सफलता मिलती है यह तो सुधीपाठक ही बतायेंगे। प्रसंगवश उल्लेख करना चाहूँगा कि नालंदा के पास नदी किनारे के पिछड़े गाँव से राजधानी 'नई दिल्ली' आकर देश-विदेश की यात्रा के उपरांत लेखक को लोक-व्यवहार के साथ विभिन्न प्रकार के खट्टे-मीठे अनुभव हुए हैं। इसी दौरान कहावतों तथा उनसे संबंधित कई घटनाओं की जानकारी मिलती रही–जिसने इस पुस्तक-लेखन के लिए प्रेरित किया।

कहावत कथाओं की इस पुस्तक की तैयारी तथा लेखन में स्वनामधन्य प्रेमी मित्रों का सहयोग मिलता रहा है। जिनमें डॉ. विजयनारायण मणि, प्रो. अमरनाथ सिन्हा, दुर्गादास गुप्ता तथा डॉ. कृष्ण रंजन शर्मा के नाम उल्लेखनीय हैं। डॉ. अशोक कुमार गुप्ता के प्रति भी कृतज्ञता ज्ञापन करता हूं, जिन्होंने प्रकाशन का दायित्व संभाला है।

अंत में समालोचकों को आगाह करना चाहूँगा कि अपनी पारखी नजर इधर भी डालने की कृपा करें। फिर भी गोस्वामी तुलसीदासजी के शब्दों में यह कथन–

'जाकी रही भावना जैसी। प्रभु मूरत देखी तिन तैसी।।'

ज्योति पर्व

11 नवंबर, 2015

–राधाकांत भारती

56, नगिन लेक,

पीरागढ़ी, नई दिल्ली-110087

अनुक्रमणिका

24. छाती पर का बेर मेरे मुँह में डाल दे
25. जग जीत लियो मोरी कानी
26. जात-पाँत पूछे नहिं कोय, हरि को भजे सो हरि का होय।
27. जैसा देवै वैसा पावै, पूत-भतार के आगे आवै
28. जैसा करे वैसा भरे
29. जिस कारण मूँड मुँडाया, वही दुःख आगे आया
30. जिसकी लाठी उसकी भैंस
31. जिसमें ओत हो
32. जैसे को तैसा मिले
33. डपोरशंख
34. तीसरा मुझको मारेगा
35. दिल्ली में बारह बरस भाड़ झोंकते रहे
36. देखना ऊँट किस करवट बैठता है
37. दौलत अंधी होती है
38. निन्यानबे का फेर
39. नौ दिन चले अढ़ाई कोस
40. पंच कहें बिल्ली तो बिल्ली ही सही
41. पंचों का कहना सिर-माथे, परनाला यहीं गिरेगा
42. पाँच सवारों में नाम लिखाना
43. काटो मत पर फुंकारो जरूर
44. 'बनिज करेंगे बानिए और करेंगे रीस, बनिज किया था जाट ने, रह गए सौ के तीस।'
45. बाघ से बेसी टिपटिपवा का डर
46. बड़ी बहू बड़ा भाग, छोटो बनड़ो घणों सुहाग
47. बनिये का बेटा कुछ देखकर गिरता है

48. भगवान् जो करता है, भला करता है
49. बोले सो मारा जाए
50. भरम का भूत, शंका डाइन
51. भागते चोर की लँगोटी ही भली
52. मन चंगा तो कठौती में गंगा
53. माया तेरे तीन नाम-परसा, परसू, परसराम
54. मियाँजी की दाढ़ी वाह-वाह में गई
55. मुझे भी जीना है
56. मेरी तो लग गई है!
57. मैं आपका सेवक हूँ, बैगनों का नहीं
58. या अल्लाह, गौड़ों में भी और
59. रंग मेहँदी के पत्ते-पत्ते में, पर पिसने पर
60. जाकी रही भावना जैसी
61. रुपयों के पास रुपया जाता है
62. लक्ष्मीजी को कैसे रोकें
63. लड़का फुसलाना था
64. लेखा-जोखा यों, लड़का डूबा क्यों?
65. लेना एक न देना दो
66. वह पानी मुलतान गया
67. सीख ताको दीजिए, जाको सीख सुहाय
68. सोना सुनार का, गहना संसार का
69. सौ सयानों का एक मत
70. हवाई-महल बनाओ
71. हथियार वह जो समय पर काम आए
72. हँसती है क्या, रोएगी, जब पलड़ा घाल पंजोएगी

73. हिंसके बनलीं पतिबरता, मूसल खैलन भरतार
74. पतुरिया रुठी, धरम बचा
75. विप्र टहलुआ, चीक धन और बेटिनु की बाढ़। एहू ते धन ना घटै, तौ करौ बड़न से रार।।
76. फटकचंद गिरधारी, न लोटा न थारी।
77. 'दुविधा में दोनों गए, माया मिली न राम'
78. बँधी मुट्ठी लाख की
79. बंदर क्या जाने आदी का स्वाद
80. इहाँ कुम्हड़ भतिया कोउ नाहिं
81. सूप बोले सो बोले, चलनी का बोले, जिसमें बहत्तर छेद
82. अजगर करै न चाकरी, पंछी करे न काम। दास मलूका कहि गए, सबके दाता राम।।
83. अब पछताए होत क्या, जब चिडियाँ चुग गई खेत।
84. न रहेगा बाँस, न बजेगी बाँसुरी
85. भई गति साँप छछूँदर केरी
86. उत्तम खेती मध्यम बान निखिद चाकरी भीख निदान
87. आम के आम गुठलियों के दाम
88. साँप मरे पर लाठी न टूटे
89. पानी में रहकर मगर से वैर
90. ऊँट के गले में पालकी
91. इतनी रुई कौन कातेगा ?
92. जो हरामी सहरी खाय, वह रोजा भी रखे
93. घर का भेदी लंका ढावे
94. तुम नहीं तो तुम्हारे बाप ने किया
95. इक्के-दुक्के का अल्ला बेली

96. आँखों के आगे नाक, सूझे क्या खाक
97. रँगा सियार
98. लहरों की गिनती
99. घर का जोगी जोगड़ा, आन गाँव का सिद्ध
100. मनमोदक खाना
101. नाच न जाने आँगन टेढ़ा
102. मत चूको चौहान
103. ऐसी तैसी में जाव
104. मोल करो तलवार की
105. आवे आम या जाय लबेदा
106. समरथ कहुँ नहिं दोषु गोसाईं
107. कोउ नृप होउ हमहि का हानी
108. मोकों कहाँ सीकरी सो काम
109. आपद काल परिखिअहिं चारी
110. निज मन की व्यथा
111. जाने सकल जहान
112. तेल देखो, तेल की धार देखो
113. टके का नमक वास्ते उठा मेरी पालकी
114. बनारस तक ही पढे हैं!
115. ऊँट के गले में बिल्ली

सामाजिक कार्यों को चतुराई से पूरा करने के सम्बन्ध में यह कहावत कही जाती है। गांवों में रात्रि के समय साँप निकलने पर लोग उसे मार डालने के लिए लाठी-डंडा लेकर दौड़ पड़ते हैं क्योंकि साँप के डसने [illegible] कोई तैयार नहीं होता है, लेकिन लाठी-डंडे को बार-बार पटककर साँप को भगाने या मारने की पूरी कोशिश की जाती है जिसमें प्रायः लाठी टूट जाती है और साँप भी खिसककर इधर-उधर भाग जाता है। फलस्वरूप पूरी कोशिश के बावजूद असफलता ही हाथ लगती है लेकिन चतुर व्यक्ति साँप को भी मार डालता है और लाठी भी नहीं टूटती है—यह उसकी कार्य-कुशलता का प्रमाण है।

89

पानी में रहकर मगर से बैर

मगरमच्छ नाम का जीव पानी में रहने पर शेर के समान शक्तिशाली होता है। तालाब, नदी या किसी जलाशय में यदि मगर है तो उससे कोई मुकाबला नहीं कर सकता। अतः जिसे पानी में रहना है उसे मगर का कृपापात्र बनकर रहना पड़ेगा,

1

अंगूर खट्टे हैं

यह बहुत मशहूर कहावत है। इसका दूसरा रूप है– 'खट्टे अंगूर कौन खाए?'

जंगल में भूख से व्याकुल एक लोमड़ी भागकर अंगूर के बाग में पहुँची। वहाँ अंगूर गुच्छोंमें लटक रहे थे, पर थे काफी ऊँचे। लोमड़ी बहुत उचक और उछलकर भी गुच्छों तक न पहुँच पाई।

कोई सियार यह सब देख रहा था। उसने पूछा, "बूआ, क्या बात है?"

अपनी असमर्थता छिपाने के लिए वह बोली, "अंगूर खट्टे हैं।"

संस्कृत में कहा गया है —

"अशक्तस्तत्पदं गन्तुं ततो निन्दां प्रकुवर्तते।"

– कोई पद पाने में असमर्थ होने पर लोग उसकी बुराई करते हैं।

2

अंधेर नगरी चौपट राजा टके सेर भाजी, टके सेर खाजा

काशी-तीर्थ यात्रा की वापसी में एक गुरु और शिष्य किसी नगरी में पहुँचे। नाम उसका अंधेर नगरी था। शिष्य बाजार में सौदा खरीदने निकला तो वहाँ हर चीज़ एक ही भाव– 'सब धान बाइस पसेरी।'

भाजी टका सेर और खाजा (एक मिठाई) भी टका सेर। शिष्य और चीजें खरीदने के झंझट में क्यों पड़ता? एक टके का सेर भर खाजा खरीद लाया और बहुत खुश होकर अपने गुरु से बोला, "गुरुजी यहाँ तो बड़ा मजा है। खूब सस्ती हैं चीजें, सब टका सेर। देखिए, एक टका में यह सेर भर खाजा लाया हूँ।हम तो अब कुछ दिन यहीं मौज करेंगे। छोड़िए तीर्थयात्रा यह सुख और कहाँ मिलेगा?"

गुरु समझदार थे, बोले, "बच्चा, इसका नाम ही अंधेर नगरी है। यहाँ रहना अच्छा नहीं, जल्दी भाग निकलना चाहिए यहाँ से।

3

अंधों का हाथी

किसी गाँव में चार अंधे रहते थे। उन्होंने गाँव में हाथी आने की खबर सुनी। वे रास्ता पूछते-पूछते हाथी के पास पहुँचे। महावत से बोले, "भैया, जरा हाथी को कब्जे में रखना, हम उसे टटोलकर देखेंगे।"

महावत ने सोचा– इसमें मेरा क्या बिगड़ता है, इन अंधे गरीबों का मन रह जाएगा। बोला, "खुशी से देखो।"

अंधे हर चीज को हाथ से टटोलकर ही देखते हैं। एक ने अपना हाथ बढ़ाया तो हाथी के कान पर पड़ा। बोला, "हाथी तो सूप की तरह होता है।"

दूसरे का हाथ उस हाथी के पाँव पर पड़ा। बोला, "नहीं, हाथी खंबे सा होता है।"

तीसरे के हाथ के सामने सूँड आई। उसने कहा, "नहीं-नहीं, वह तो मोटे रस्से जैसा होता है।"

चौथे का हाथ उस हाथी के पेट पर पड़ा। वह कहने लगा, "तुम सब गलत कहते हो, हाथी तो एकदम मशक सा होता है।"

चारों अपनी-अपनी बात पर अड़ गए और लगे लड़ने-झगड़ने। हर एक अपनी ही कहता, दूसरे को नहीं सुनता था। एक समझदार आदमी पास खड़ा-खड़ा इनकी सब हरकतें देख-सुन रहा था। उसने अपने मन में लड़ाई का बड़ा अच्छा नतीजा निकाला कि दरअसल, हर एक अपनी-अपनी जगह पर सही है, बशर्ते कि इनकी समझ में आ जाए कि हमने पूरे हाथी को नहीं, हाथी के सिर्फ एक अंग को ही देखा है। फिर तो सारा झगड़ा समाप्त हो

जाए। इसलिए पूरी बात नहीं समझ पाने पर लोग 'अंधों का हाथी' कहते हैं।

4

अढ़ाई दिन की बादशाहत

एक बार हुमायूँ बादशाह लड़ाई में हार गया। वह जान बचाने के लिए अपने घोड़े सहित बक्सर के पास गंगा नदी में कूद पड़ा। घोड़ा जाँघ तले से निकल गया। बादशाह गोते खाने लगा। देखा कि किनारे पर निजाम नाम का भिश्ती नदी में मशक भर रहा है। जान बचाने को बादशाह ने पुकारा। बादशाह को वह पहचानता था। जवाब दिया, "अढ़ाई दिन के लिए मुझे बादशाह बनाइए तो मैं आपको बचाऊँ।"

हुमायूँ ने तुरंत शर्त मंजूर कर लो। अढ़ाई दिन के लिए वह बादशाह हुआ। कहते हैं, उस बीच उसने अपनी बादशाहत की यादगार में चमड़े का सिक्का चलाया, जिसमें सोने की एक कील थी। तभी से यह कहावत प्रचलित हो गई।

5

अपने किए का क्या इलाज

गाँव के एक किसान को पास के जंगल में रहने वाली एक लोमड़ी पर बड़ा गुस्सा आया। वह लोमड़ी जब-तब और रात-बिरात उसकी बतख और मुरगियों को खा जाती थी। कई दिन घात में बैठे रहने के बाद उसने एक दिन लोमड़ी को फँसाया और पकड़ लिया। खूब कड़ी सजा देने के ख्याल से किसान ने उसकी पूँछ में ढेर सा चिथड़ा लपेटा और तेल से तर करके उसमें

आग लगाकर उसे छोड़ दिया। लोमड़ी बड़े जोर से भागी। किसान के खेत में गेहूँ की पकी फसल खड़ी थी– बस कटने की ही देर थी। परेशान लोमड़ी खेत की ओर भागी। लोमड़ी की पूँछ से आग लगकर उसका सारा खेत जलकर खाक हो गया। किसान ने सिर पीट लिया, पर दोष किसे दे? "अपने किए का क्या इलाज।"

6

आओ मियाँजी, छप्पर उठाओ

एक मियाँजी यात्रा करते हुए गाँव में किसी किसान के घर रुक गए। मियाँ बातें बनाने में बढ़े-चढ़े थे, पर काम में निरे आलसी। वे किसान के दालान में बैठे पान लगा-लगाकर खाते रहे। उस दिन किसान को अपना छप्पर उठवाना था। देहात में छान (छप्पर) बहुत बड़ी न हुई तो जमीन पर बना ली जाती है फिर उठाकर ऊपर रख देते हैं। उसके उठाने में पाँच-दस आदमी लगते हैं। काम दस मिनट का होने पर भी थोड़ी मेहनत का होता है। एक मुहावरा भी है– "इतने आदमियों को बुला रहे हो, कोई छान उठवानी है?" किसान ने मियाँजी से कहा, "आओ, मियाँजी, छान उठवाओ।"

मियाँजी बोले, "हम बूढ़े हैं, कोई जवान बुलाओ।"

छप्पर (छान) तो उठ ही गई। खाने का वक्त होने पर किसान ने मियाँजी से कहा, "आओ, हाथ धुलाओ।"

मियाँजी ने खाने के वक्त नहीं कहा कि हम बूढ़े हैं, कोई जवान बुलाओ।

इससे मिलता-जुलता एक दोहा है–

रामभजन को आलसी, भोजन को हुसियार।
तुलसी ऐसे नरन को, बार-बार धिक्कार।।

7

आता हो तो जाने मत दीजिए

किसी व्याध ने जंगल में एक तीतर फँसाया। तीतर ने सोचा–यह पापी मेरी जान लेकर छोड़ेगा; परंतु अक्ल लगाकर जान बचाने की कोशिश तो करनी चाहिए।

उसने व्याध से पूछा, "तुम मेरा क्या करोगे? मान लो कि बेचोगे, तो मुश्किल से मेरे बदले में चार-पाँच रुपए मिलेंगे। मारोगे तो सिर्फ पंख-ही-पंख हाथ लगेंगे। यदि पालोगे, तो भी

एक-न-एक दिन मृत्यु हमारा वियोग करा ही देगी। लेकिन तुम मुझे छोड़ देने का वादा करो तो मैं तुम्हें तीन ऐसी नसीहतें दे सकता हूँ कि जिनमें प्रत्येक का मोल लाख-लाख रुपए है।"

व्याध ने कहा, "बतलाओ,मैं तुम्हें जरूर छोड़ दूँगा।' तीतर बोला–

"पहली नसीहत सुन–

बात कोई भी हजार सुनाए।
कीजिए वही, जो समझ में आए।।

दूसरी नसीहत–

काबू हो तो कीजिए न गफलत।
संकट में हों तो हारिए न हिम्मत।।

तीसरी नसीहत–

आता हो तो जाने मत दीजिए।
जाता हो तो उसका गम न कीजिए।।"

व्याध ने ज्यों ही 'जाता हो तो गम न कीजिए' सुना कि उस तीतर को छोड़ दिया।

तीतर तुरंत उड़कर पेड़ पर जा बैठा और बड़ी आजादी से व्याध से कहने लगा, "मैंने जो तीन नसीहतें तुझे बतलाई हैं, उनके उदाहरण भी दे देना चाहता हूँ। देख, मैं कैसी आफत में था, पर मैंने हिम्मत न हारी और अपनी बातों के बल पर तेरे चंगुल से छुटकारा पा लिया। तू गफलती और अभागा है कि बातों में आकर मेरे जैसे बहुमूल्य पक्षी को छोड़ दिया। मेरे पेट में एक लाख कीमत का एक लाल है।"

इस पर बहेलिया अफसोस कर हाथ मलने लगा। उसने तीतर को फिर पकड़ना चाहा। पर वह उड़कर पेड़ की ऊपरी टहनीपर जा बैठा और बोला, "मूर्ख, तू मेरी पहलीनसीहत पर ध्यान देता तो मेरी बातों में न आता और दूसरी पर ध्यान देता तो मुझे छोड़ता ही नहीं। अब जरा अक्लसे काम ले कि तीतर के पेट में लाल कहाँ से आया। मेरी बातों में आकर तूने मुझे छोड़ दिया और फिर मेरी ही बात से मुझे पकड़ने को खड़ा हो गया। अपनी अक्ल से काम लेना सीख। जो कोई कुछ कहेगा, उसी पर चलने लगेगा तो तेरा मनोरथ कभी सफल नहीं हो सकेगा।"

8

आप डूबे तो जग डूबा

एक आदमी नदी में स्नान करते-करते गहरे उतर गया। वह तैरना नहीं जानता था, अत: पानी में डूबने लगा। चिल्लाया, "अरे, मुझे निकालो, नहीं तो जग डूबा।" पुकार सुनकर एक तैराक आगे बढ़ा और उसे बचा लाया। डूबने वाले के होश में आने पर लोगों ने उससे पूछा, "तुम जो चिल्ला रहे थे कि 'मुझे निकालो, नहीं तो जग डूबा' इसका क्या मतलब था? तुम्हारे एक के डूबने से जग कैसे डूब जाता? उसने जवाब दिया, "दोस्तो, सोचिए, मैं डूब जाता तो मेरे लिए तो सब जग डूब गया था न?" कहा गया है कि 'आप डूबा तो जग डूबा।'

इस कहावत का दूसरा प्रचलित रूप—

'आप मुए तो जग मुआ।'
'आप मुरदा जहान मुरदा।।'

9

आब-आब कर मर गया, सिरहाने रखा पानी

एक व्यापारी व्यापार करने के लिए काबुल गया। वहाँ रहते-रहते वह फारसी बोलने लगा। पानी को 'आब' कहता था। हिंदुस्तान आकर भी अपनी फारसी की बानी उसने नहीं छोड़ी और लोगों पर रोब गाँठता रहता था।

संयोग से वह घर पहुँचने के कुछ दिनों बाद ही बीमार पड़ गया। बुखार की हालत में प्यास लगने पर वह 'आब-आब' चिल्लाता रहा। किसीने समझा ही नहीं कि रोगी क्या चाहता है। वह बेचारा प्यासा ही मर गया। पूरा दोहा इस प्रकार प्रचलित है–

काबुल गया बानियाँ, सीखी मुगलिया बानी।
आब-आब कर मर गया, सिरहाने रखा पानी।।

10

आम खाने से काम या पेड़ गिनने से

दो मित्र एक शाम को आम के बाग में पहुँचे। एक ने जाते ही रखवाले से पूछना शुरू किया, "यह बाग किसका है, कब लगा, इसमें किस-किस जाति के आम हैं? इसमें कुल कितने पेड़ हैं?" दूसरे ने पहुँचते ही रखवाले से आमों का भाव पटाया। पैसे दिए और लेकर आम खाने शुरू कर दिए। पहला पेड़ों की गिनती और किस्म जानने में ही लगा रहा। दूसरे ने आमों से अपना पेट भर लिया। अंत में जब पेड़ों की गिनती पूछने वाले ने रखवाले से अपने लिए कुछ आम चाहे तो उसने कहा, "आज तो मुझे आम

तोड़ने की फुरसत नहीं रह गई है। मुझे अभी एक जरूरी काम से जाना है, आपको आम कल मिल सकते हैं।"

वह मित्र बिना आम खाए अपना सा मुँह लेकर लौट आया। इसी पर कहावत बन गई– "आम खाने से काम या पेड़ गिनने से?" अर्थात् मतलब से मतलब रखना चाहिए, व्यर्थ की पूछताछ में पड़ने से फायदा न होकर हानि ही होती है।

11

उत्तम खेती मध्यम बान

किसी जमींदार (रईस) को कहीं एक पत्थर की पटिया पड़ी मिली, जिस पर ऊपर की ओर इबारत खुदी हुई थी। उसने पटिया लाकर अपनी बैठक की ताक में रख दी। नित्य देखते-देखते उसके मस्तिष्क में खेती की महिमा जम गई। 'असामियों' (किसानों) से खेत निकालकर उसने स्वयं खेती कराई, पर स्वयं खेत के नजदीक न गया। इधर-उधर की बातों में लगा रहता। खेत समय पर न जुता, न खाद पड़ी, न ठीक से बोया गया, न सिंचाई हुई। नतीजा यह हुआ कि उसमें बीज भर की पैदावार भी न हो सकी। 'घर के धान पयाल (पुयाल) में' कहावत चरितार्थ हुई। उसे अपने पर तो नहीं, उस पत्थर पर गुस्सा आया। उसे उठाकर जमीन पर फेंक दिया तो पत्थर उलट गया। उस ओर खुदा हुआ था–

खेती पाती विनती और घोड़े की तंग।
अपने हाथ सँवारिए लाख लोग हों संग।।

'खेती खस्मों सेती, बेटे की आधी, नौकर की बला सेती।' और भी अनेक कहावतें खेती के बारे में कही जाती हैं।

ऐसी कुछ और कहावतें उस पत्थर पर खुदी थी–

'जो हल जोते खेती वाकी, और नहीं तो जाकी ताकी।

उत्तम खेती जो हर गहा, मध्यम खेती जो संग रहा।
जो पूछेसि हर कहाँ? बीज बूडिगे तिनके यहाँ।'

12

कंबल ही नहीं छोड़ता

बाबा लोकनाथ अपने चेले असंग और पसंग के साथ तीर्थ यात्रा के लिए निकले थे। बहुत लंबा रास्ता तय करना था, इसलिए हरेक के पास दो कंबल थे - एक बिछाने के लिए और दूसरा ओढ़ने के वास्ते। ये गुरु-चेला अनेक यात्रियों के साथ एक नदी के किनारे-किनारे चले जा रहे थे।

उस नदी के धारा में गांव से बहकर आ रहे अनेक प्रकार के टूटे-फूटे सामान, लकड़ियां, पलंग आदि दिखायी दे रहे थे। तभी नदी की तेज धारा में तकिया और काला कंबल की तरह कुछ बहता हुआ आया। यह देख पसंग को लालच आ गया और वह बोला, “देखो धारा में कंबल बहा जा रहा है, मैं उसे लेकर आता हूं।”

गुरुदेव बोले, “पसंग तुम्हारे पास तो दो कंबल मौजूद है। तो अब तीसरे की क्या जरूरत?...” किन्तु पसंग नहीं माना और अपनी गठरी असंग को थमा कर नदी में कूद पड़ा। वह अच्छा तैराक था। लोगों ने देखा कि पसंग तेजी से तैरकर नदी की धारा में बहते हुए कंबल को पकड़ पाने में कामयाब तो हो गया लेकिन वह कंबल के साथ ही उलट-पुलट कर बहने लगा।

ऐसी स्थिति देखकर गुरुदेव ने पुकारा, “बेटा, पसंग, अब कंबल छोड़ दो और वापस आ जाओ...।”

आवाज सुनकर पसंग बोला, “गुरुजी, मैं लाचार हूं, यह कंबल ही मुझे नहीं छोड़ता..।”

तभी दिखलायी पड़ा कि जिसे दूर से लोगों ने कंबल समझा था, वह कंबल नहीं, नदी में तैरता हुआ काला भालू है। पर अब कुछ नहीं हो सकता था क्योंकि उससे उलझता हुआ स्वार्थ के वशीभूत लालची पसंग बहता हुआ काफी दूर जा चुका था।

13

काँधे धनुष हाथ में बना, कहाँ चले दिल्ली सुलताना

कोई धुनिया अपनी धुनकी, घोंटा, क़मान, छड़ी आदि लिये जंगल के रास्ते से कहीं जा रहा था। राह में उसे एक गीदड़ मिला, जो किसी नील के माट में गिरकर तुरंत बाहर निकला ही था। गीदड़ ने धुनिए को शिकारी समझकर ऊपर की बात कही। धुनिए ने गीदड़ को चीता समझकर कहा–

बन के राव, विकट के राना।
बड़न की बात बड़े पहिचाना।।

धोखे में आकर अकसर लोग एक-दूसरे को बड़ा मान बैठते हैं, तो यह कहावत कही जाती है।

14

किस्मत साथ रहती है

मिथिला के गाँव में एक आदमी था। उसे दुर्भाग्य सदा घेरे रहता था। उसने सोचा कि मैं दूसरे गाँव में जा बसूँ तो मेरी किस्मत बदल जाएगी। जूता, लाठी और सिर पर गठरी लेकर वह दूसरे गाँव जाने को निकला। बाहर आकर देखा तो सामने एक स्त्री

खड़ी उसकी प्रतीक्षा कर रही थी। उसने स्त्री से पूछा, "क्या चाहती हो?"

वह बोली, "तुम्हारा साथ।"

"मेरा साथ? कौन हो तुम?"

"तुम्हारी किस्मत।"

वह बोला, "जब तुम सदा मेरे साथ ही रहती हो तो मुझे दूसरे गाँव जाकर क्या करना है?"

15

कौआ कान ले गया

एक बेवकूफ से किसी ने कहा, "अरे, बात नहीं सुनता है, तेरे कान कागा ले गया क्या?" उसी समय पास के पेड़ पर बैठा हुआ एक कौआ उड़ा। यह मूर्ख उस कौए के पीछे दौड़ा और चिल्लाता रहा कि कौआ मेरे कान ले गया। किसी बुद्धिमान् ने दूर से यह बात सुनी। मन में सोचा–कौआ कहीं किसी के कान ले जाता है। पास आने पर उस आदमी को देखा तो उसके दोनों कान मॉजूद थे। उसने पूछा, "अरे, कौआ किसके कान ले गया?"

"मेरे।"

"कौन कहता है?"

बेवकूफ बोला, "उस आदमी ने कहा।"

लेकिन अपने कान देखे बिना ही तुम सिर्फ उस आदमी के कहने पर कौए के पीछे दौड़ पड़े। इसी से लोग कहते हैं कि "बेवकूफों के सिर पर सींग नहीं होते।" यानी वे अपनी करतूतों से पहचाने जाते हैं, किसी बाहरी चिन्ह से नहीं।

16

कौए से कबेलवा हुसियार

देहाती रूप है–'कौआ से कबेलवा (कौए का बच्चा) हुसियार।'

कोई कौआ अपने बच्चे को सिखलाने लगा कि जब किसी आदमी को पत्थर उठाते देखों तो फौरन उड़ जाना। उसने कहा, "अगर वह पहले से ही हाथ में ढेला लिये हो तब?"

"अब तुम्हें कुछ कहना-समझाना नहीं है, तुम मुझ से कहीं ज्यादा होशियार हो गए हो।" यह कहकर कौआ संतुष्ट हो गया।

17

खाट साथ जाती है

मथुरा में किसी ब्राहमण के लड़के की शादी हुई। पतोहू के ससुराल आने के दो-चार दिन बाद ही सास ने अपने घर की शान दिखाने को पतोहू से कहा, "अरी, तेरा ससुर निमंत्रण खाने गया है, सो उसके लिए खाट बिछाकर रख।" मतलब यह था कि तेरा ससुर ऐसा बहादुर खानेवाला है कि लौटने पर खड़ा नहीं रह सकता, उसे फौरन लेटने को खाट चाहिए।

जैसी सास वैसी बहू। वह बोली, "अम्माजी, आपके यहाँ की रीति कुछ निराली है, मेरे पीहर में तो ऐसा नहीं होता है।"

सास ने पूछा, "तेरे पीहर में क्या होता है? और तू गँवई गाँव की बेटी ठहरी, ऐसे खानेवाले मर्द वहाँ कहाँ होंगे? यह गौरव तो तीन लोक से न्यारी इस मथुरा नगरी को ही प्राप्त है, माखनचोर कन्हैया की भूमि है न यह।"

बहू बोली, "नहीं अम्माजी, मेरे मायके में भी एक-से-एक बढ़कर पेटू यानी खानेवाले पड़े हैं। वहाँ तो जब निमंत्रण खाने जाते हैं तो खाट साथ जाती है।" यानी चलकर घर आना कैसा, खाकर खड़े भी नहीं हो सकते।

18

खोदा पहाड़, निकली चुहिया

एक पहाड़ में से चूँ-चूँ की आवाज आया करती थी। पता लगाने के लिए लोगों ने पहाड़ को खोदना शुरू किया। बड़ी मेहनत करके एक बड़ा हिस्सा खोदने के बाद निकला क्या–एक चुहिया। मेहनत बहुत, नतीजा कुछ नहीं। तभी से यह कहावत चल पड़ी है।

19

गुनाह करने को भी हुनर चाहिए

कलकत्ता में पार्कस्ट्रीट के पास कोहनूर नाम का एक प्रसिद्ध होटल है। जिसने यह प्रसंग बताया वह भी चाय पीने उसी होटल में गया था। उसने देखा, दो आदमी अलग-अलग मेजों पर बैठे, सुंदर-सुनहरी कामवाली कीमती चम्मचों से चाय पी रहे हैं। चम्मचें उस होटल की खासतौर से कीमती थीं। दो में से एक की नजर चम्मच पर पड़ गई। वह अपनी लालच रोक न सका। जब चाय पीने की लालच नहीं रुकती तब चम्मच चुराने की कैसे रुकती? उसनेएक चम्मच अपनी जेब के हवाले की। दूसरी मेजवाला छिपी नजरों से तमाशा देख रहा था। वह व्यक्ति उससे भी नंबरी था।

उसी समय नाश्ता करने वाले पाँच-सात लोगों की एक टोली वहाँ पहुँची गई। उस व्यक्ति ने अपना चाय का प्याला हाथ में उठाया और चम्मच मुँह में लगाए उन लोगों के पास जाकर बोला, “मैं जादू का खेल जानता हूँ, आप लोग कहें तो दिखाऊँ।”

कौन है जो जादू का खेल और नया तमाशा नहीं देखना चाहता और कौन नई बात नहीं सुनना चाहता? सब बोले उठे, "हाँ-हाँ, जरूर दिखाइए।"

उसने कहा, "देखिए, मेरे हाथ में यह चम्मच है, इसे मैं अपनी जेब में डालता हूँ और जो उस मेज पर चाय पी रहे हैं, उनकी जेब से वह निकलेगी।"

सबकी आँखें उस आदमी पर जा टिकीं और वह वहाँ जा खड़ा हुआ। फिर बोला, "देखिए जनाब, मेरी चम्मच आपके कोट की जेब में आ गई है।" उसने चुपचाप मेज पर चम्मच निकालकर रख दी कुछ बोला नहीं। जादूगर सब लोगों को सलाम करके चम्मच जेब में डालकर नौ-दो ग्यारह हो गया।

20
गुरुजी, लंगी लगाओ

सावन का महीना था, नागपंचमी का दिन। एक कस्बे में विशालदंगल लगा था। आस-पास के नामी पहलवान जुटे थे। दर्शकों की बड़ी भीड़ थी। कुश्तियाँ हो रही थीं। अखाड़े में कई जोड़ छूटे हुए थे। पास के एक गाँव से बहुत सेनवयुवक कुश्ती देखने आए थे। उनमें एक पच्चीस साल का नौजवान अहीर था। वह कभी अखाड़े में तो नहीं उतरा था, लेकिन कसरत का बड़ा शौकीन था। बदन उसका बड़ा गठा हुआ था। लंबाई-चौड़ाई उसे पुश्तैनी मिली थी। बहुत ही मजबूत था। उसके साथियों ने कहा "अरे रामदीन, आज के दिन तुम भी अखाड़े में उतरकर लड़ने की सायात कर लो।" वह कुछ झेंपता सा रहा, लेकिन उसके साथियों ने अखाड़े के सरदार पहलवान से जाकर कहा, "यह भी लड़ेंगे।"

उसने कहा, "अच्छा है, आएँ, अपना जोड़ चुन लें।"

नौजवान ने देखा कि सरदार पहलवान बुरी तरह अकड़ रहा है। वह सरदार से बोला, "मैं आपसे ही दो-दो हाथ करूँगा, लेकिन मैं कुश्ती के पेंच वगैरह कुछ नहीं जानता।"

सरदार ने कहा, "कोई हर्ज नहीं, मैं सैकड़ों को लड़ाता हूँ, पेंच सिखाता हूँ, तुम्हें भी सिखा दूँगा।'

अखाड़े में उतरकर पहलवान तो ताल ठोकने में लगा और इस नवयुवक ने झपटकर उसकी कमर दोनों हाथों से पकड़ी, उसे अपने सिर के ऊपर उठा लिया और लगा घुमाने ऊपर-ही-ऊपर। सदार के चेले चिल्लाए, "गुरुजी, लंगी (लँगडिया–एक पेंच) लगाओं।"

गुरुजी ने कहा, "अरे, पैर जमीन पर आएँ तब तो, यह पहलवान तो यों ही आसमान दिखा रहा है। इसमें लंगी की गुंजाइश कहाँ है?"

21

गोबर का घड़ा और काठ की तलवार

एक चालाक अहीर पाँच सेर की एक मटकी में नीचे साढ़े चार सेर गोबर और ऊपर से खूब अच्छा आधा सेर ताजा घी डालकर बेचने चला। जाड़े के दिन थे, घी पूरा जमा हुआ था। ऊपर से देखकर यह जानना मुश्किल था कि घी के नीचे और कोई चीज हो सकती है। इसी तरह वह दो-चार बार कई लोगों को ठग चुका था। ठगी के लिए वह अपने गाँव से इतनी दूर जाता जहाँ उसे कोई पहचानता न था। आज भी वह इसी हिसाब से घी मटकी लेकर चला। रास्ते में उसे एक आदमी मिला, जिसके हाथ में एक

चमकीली तलवार थी। ऊपर से उसने रुपहली पत्ती चिपका रखी थी। वह उस तलवार को गत्ते की बनी एक खूबसूरत म्यान में रख बगल में लटकाए चला जा रहा था। अहीर ने उससे पूछा, "कहाँ जा रहे हो भाई?"

"यह तलवार बेचने के खयाल से बाजार जा रहा हूँ।"

अहीर ने तलवार देखने की इच्छा प्रकट की। म्यान से बाहर निकलवाकर तलवार देखने पर उसने सोचा, 'घी के बदले में यह खूबसूरत तलवार मिल जाए तो मेरे भाग्य खुल जाएँ।' उस आदमी से कहा, "एक तलवार तो मुझे भी खरीदनी है, लेकिन सौदा करूँगा घी बिकने पर ही।"

तलवार वाले ने पूछा, "कितना घी है तुम्हारे पास?"

अहीर बोला, "पाँच सेर।"

"दिखाना जरा।"

अहीर का ताजा घी देख-सूँघकर वह खुश हो गया। सोचा, 'तलवार के बदले में अगर यह घी की मटकी मुझे मिल जाए तो माघ में खूब घी-खिचड़ी कटे।'

अहीर से बोला, "मुझे भी तलवार बेचकर घी ही लेना है, आओ सौदाकर लें। मैं तुम्हें घी के बदले तलवार दे दूँगा।'

पुराने जमाने की बात है। उस समय रुपए-पैसे का चलन न था, चीज के बदले चीज ली-दी जाती थी। दोनों ने अपने-अपने मन में सोचा कि मैं फायदे में हूँ, सामने वाले को उल्लू बना रहा हूँ।

सौदा हो गया। घर जाकर जब दोनों ने असलियत जानी होगी तो समझे होंगे–'जैसा दिया वैसा पाया।'

22

चोर की दाढ़ी में तिनका

किसी काजी के इजलास में चोरी का एक मुकदमा आया। पुलिस ने शक में कई आदमियों को पकड़कर हाजिर किया। काजी सबूतों से न समझ पाया कि इनमें असली चोर कौन है। उन्हें एक तरकीब सूझी। बोल उठे, 'चोर की दाढ़ी में तिनका।'

उनमें से एक आदमी, जो दरअसल चोर था, यह ख्याल करके कि दाढ़ी में कोई तिनका हो तो निकाल दूँ अपनी दाढ़ी टटोलने

लगा। वह ज्यादा सोच-समझ न सका, क्योंकि चोर के मन में डर ही रहता है और उस डर की वजह से चोर का चेहरा उतर जाता है। उसी डर में वह कोई ऐसी हरकत भी कर बैठता है कि जिससे उसका चोर होना सिद्ध हो जाता है। यही बात इस चोर के साथ हुई। काजी साहब ने तो यों ही एक तीर फेंका था, पर वह ठीक निशाने पर लग गया। तभी से यह कहावत प्रचलित हो गई।

23

चोर चोरी से गया, पर हेराफेरी से नहीं

किसी गाँव में एक पक्का चोर रहता था। किंतु चोरी वह प्राय: धनिकों के घर करता था, गरीब के घर चोरी करने कभी न जाता था। शायद इसलिए भी कि गरीब के घर मिलता भी क्या? लेकिन एक बार जब हाथ बिलकुल खाली होने से भूखों मरने की नौबत आ गई तो 'मरताक्या न करता।' वह उसी गाँव के बाहर आधी रात को एक साधु की कुटिया में जा घुसा। वह जानता था कि यह साधु बड़ा त्यागी है। पास में कुछ रखता-रखाता नहीं है, फिर भी सोचा, 'चलो, जोई हाथ सोई साथ।' खाने-पीने को भी कुछ हाथ लग जाएगा तो एक-दो दिन गुजर हो जाएगी। यों तो कहीं से माँग-मूँगकर भी एक-दो दिन गुजर हो सकता थी, पर चोर के लिए माँगना कठिन होता है, और चोरी करना आसान।

चोर ने जब साधु की कुटिया में प्रवेश किया, तब रात के करीब बारह बजे थे। कुटिया के भीतर जानेमें उसे कोई कठिनाई न हुई। फूस की कुटिया में सेंध लगाने की तो जरूरत ही नहीं थी। दरवाजा बहुत मामूली दीवार कच्ची, बहुत नीची–थोड़ी मेहनत से आदमी उसे फाँद सकता था। लेकिन चोर को क्या

मालूम कि साधु उस समय तक जागता होगा? साधु का त्यागी होना उसने सुन रखा था, पर उसके संयमी होने की खबर उसे न थी। उसके लिए तो 'सब धान बाइस पसेरी' थे।

ठीक उसी समय साधु बाबा ध्यान से उठकर लघुशंका के निमित अपनी कुटिया के बाहर आए थे। चोर से उनका सामना हो गया। साधु उसे पहचानता था, पहले कई बार देख चुका था। पर साधु को यह इल्म न था कि वह चोर है। और 'चोर के सिर पर सींग नहीं होते' कि वह सूरत से पहचाना जा सके। दूसरे कौन चोर है, कौन साहु, इन प्रपंचों से साधु को मतलब भी क्या? इस व्यक्ति को ऐसे वक्त यहाँ देखकर साधु को ताज्जुब हुआ। आधी रात को इसे यहाँ आने की क्या आवश्यकता? इतना उन्हें आभास हो गया कि यह जरूरतमंद है। पर जरूरत क्या है, इसका अंदाजा न हो सका। साधु ने बड़े प्रेम से पूछा, "कहो बच्चा, आधी रात को कैसे कष्ट किया? मुझसे कुछ काम है?"

चोर बोला, "महाराज, मैं दिन भर का भूखा हूँ।'

साधु ने कहा, "आओ, बैठो, मेरे पास दिन के खाने से बचे कुछ फल-फूल हैं। बहुत तो नहीं हैं लेकिन तुम्हारा काम चल जाएगा। मैंने धूनी में शाम को कुछ शकरकंद डाल दी थीं, वे भुन गई होगी, निकाल देता हूँ। तुम्हारा पेट भर जाएगा। शाम को आ गए होते तो जो था हम-तुम मिलकर खा लेते। लेकिन पेट का क्या है बच्चा! अगर मन में हमारे संतोष हो तो जितना मिले उसमें ही मनुष्य खुश रह सकता है। 'यथा लाभ संतोष' यही तो है।"

साधु ने दीपक जलाया, चोर को बैठने के लिए आसन दिया, पानी दिया और जो सामान पास मौजूद था, एक पत्ते पर उसके सामने रख दिया और पास बैठकर उसे इस तरह खिलाया जैसे

कोई माँ अपने बच्चे को खिलाती है। चोर साधु के सद्व्यवहार से निहाल हो गया। सोचने लगा, 'एक मैं हूँ, एक यह है! मैं चोरी करने आया और यह इतनी खातिर से पेश आया।' मनुष्य मैं भी हूँ और यह भी, लेकिन सच कहा है–'आदमी-आदमी में अंतर, कोई हीरा कोई कंकड़।' मैं तो इनके सामने कंकड़ से भी बदतर हूँ।

मनुष्यों में बुरी के साथ भली वृत्तियाँ भी रहती हैं, जो समय पाकर जाग उठती हैं। जैसे अच्छा खाद-पानी पाकर बीज पनप जाता है, वैसे ही संत का संग पाकर मनुष्यकी सद वृत्तियां लहलहा उठती हैं। थोड़ी देर के लिए चोर के मन के सारे कुसंस्कार हवा हो गए। अनजाने उसे सत्संग का लाभ मिला। कहा है–

एक घड़ी आधी घड़ी, आधी हू पुनि आध।
भीखा संगत साध की, कटें कोटि अपराध।।

आध घंटे के साधु-समागम से थोड़ी देर के लिए ही क्यों न हो, सचमुच उसके समस्त विकार नष्ट हो गए। साधु के सामने अपना अपराध कबूल करने को उसका मन उतावला हो उठा। एक बार खयाल हुआ कि यह मालूम हो जाने पर कि मैं चोरी की नीयत से आया था, साधु की निगाह में मेरी क्या इज्जत रह जाएगी? क्या सोचेंगे यह महात्मा कि कैसा पतित प्राणी है, जो मुझ फकीर के यहाँ चोरी करने आया? लेकिन फिर उसने सोचा– साधु मन में चाहे जो समझे, लेकिन मुझे तो इनके सामने अपना अपराध स्वीकार करके अपने को हलका करना ही चाहिए और जो इतना दयालु और महान् पुरुष है वह क्या मेरा अपराध क्षमा न करेगा?

उसके खा-पी चुकनेके बाद साधु ने कहा, "अब इतनी रात में तुम कहाँ जाओगे? मेरे पास एक चटाई है, इसे लो और आराम से यहीं सो रहो। सुबह चले जाना।"

नेकी की मार से चोर दबा जा रहा था। वह साधु के पैरों पर गिर पड़ा और फूट-फूटकर रोने लगा। साधु समझ न सके कि यह क्या हुआ? यह दुःखी जीव है, इतना तो समझ में आया; लेकिन इस समय उसे क्या दुःख उमड़ा, इसका वह अनुमान न कर सका। साधु ने उसे प्रेमपूर्वक उठाकर उसके सिर पर हाथ फेरते-फेरते पूछा, "बेटा, क्या हुआ?"

रोते-रोते चोर का गला रुँध गय था। उसने बड़ी कठिनाई से अपने को सँभालकर कहा, "महाराज, मैं बड़ा अपराधी हूँ।"

साधु बोले, "अपराधी कौन नहीं है? ईश्वर के सामने हम सभी अपराधी हैं, तू अकेला ही क्या? और भगवान् तो सबके अपराध क्षमा करने वाला हैं। उसकी शरण में पहुँच जाने पर वे हमारे बड़े-से-बड़े अपराध क्षमा कर देते हैं। बेटा, उसकी शरण ले लो, तेरे सब अपराध धुल जाएँगे।"

चोर बोला, "मेरे जितने बड़े पापी का निस्तार नहीं होगा, महाराज।"

साधु ने कहा, "बड़ा और छोटा क्या पगले, कोई बाहर का चोर है, कोई भीतर का।"

"नहीं महाराज, मैंने बड़ी-बड़ी चोरियाँ की हैं, सिर्फ आज का ही दिन है, जब मैं भूख से व्याकुल होकर आपके यहाँ चोरी करने आया था; लेकिन आपके व्यवहार ने तो मेरी काया पलट कर दी। आज आपके सामने मैं कसम खाता हूँ कि आगे कभी चोरी न करूँगा, किसी जीव को न सताऊँगा। आप अपनी शरण में लेकर मुझे अपना शिष्य बना लीजिए।"

साधु ने 'तथास्तु' कहा, और एक बार फिर प्रेम से उसके सिर पर हाथ फेरा। प्रेम के जादू ने उतने ही क्षणों में चोर को साधु बना दिया था।

उसी दिन से वह साधु की सेवा में रहने लगा। उसका नाम बाघसिंह था, साधु ने बदलकर 'रामदास' कर दिया। साधु की कुटिया के आस-पास कुछ जमीन थी, जिसमें कई प्रकार के फलों के वृक्ष लगे थे। शकरकंदी की थोड़ी खेती भी थी। रामदास उन फलों की और खेत की देखभाल में लगा रहता। वह कभी साधु की सेवा की बात करता तो साधु कहता, "इन फलों की सेवा से ही तुझे मेरी सेवा का फल मिल जाएगा। मैं ये फल खाता हूँ और तू भी खाता है। हम जिसका खाते हैं उसकी सेवा करना हमारा पहला धर्म है।"

रामदास का जीवन बड़े आनंद से कटने लगा। कुछ दिनों बाद साधु को एक भंडारे का निमंत्रण मिला। रामदास भी साथ गया। वहाँ कुछ अच्छे, कुछ बुरे, कई तरह के साधु इकट्ठा थे। उनमें कुछ सच्चे साधु थे, कुछ गँजेड़ी-भँगेड़ी भी। उन नशेवाले साधुओं के साथ दो-चार दिन रहनेसे रामदास के पुराने संस्कार जाग उठे। जब-जब साधु भंडारा खाने बैठते, रामदास उनकी खड़ाऊँ इधर-उधर कर देता। इसकी जगह उसकी खड़ाऊँ लाकर रख देता, उसकी जगह इसकी। पंगत खाकर उठने पर साधु बहुत हैरान होते। किसी को भी अपनी खड़ाऊँ अपनी जगह पर नहीं मिलती। खड़ाऊँ मिलती, लेकिन वह होती किसी दूसरे की। बड़ा बावेला मचता। सिर्फ रामदास के गुरु की खड़ाऊँ जहाँ-की-तहाँ रहती।

साधु ने रामदास से कहा, "बच्चा रामदास, यह खोटा काम कौन करता है?"

रामदास बोला, "महाराज, सच कहूँ? यह काम आपके इस शिष्य का ही है।"

साधु ने पूछा, "तू ऐसा क्यों करता है?"

वह बोला, "महाराज, मुझे अपने पुराने स्वभाव के अनुसार किसी की चीज को इधर-से-उधर करने में बड़ा मजा आता है। पहले तो उठाकर अपने घर ले जाया करता था, वह स्वभाव तो आपके पुण्य-प्रताप से जाता रहा, लेकिन उठाने का स्वभाव अब भी है। इधर से उठाकर उधर करने को मेरा मन मचलता रहता है। आपकी कृपा होगी तो आगे-पीछे वह भी बदल जाएगा।"

साधु मुसकराया और एक बार फिर प्रेमसे उसके सिर पर हाथ फेरकर बोला, "देख बच्चा, इसमें दूसरों को कितना कष्ट होता है। मनुष्य को चाहिए कि अपने से जहाँ तक बन सके दूसरों का भला करे। कम-से-कम किसी को कष्ट तो न पहुँचाए।"

रामदास ने कहा, "महाराज, इस दास का आज यह आखिरी अपराध था, आगे कभी ऐसा नहीं होगा।"

24

छाती पर का बेर मेरे मुँह में डाल दे

बेर के एक पेड़ के नीचे दो आलसी पड़े थे। एक की छाती पर एक बेर टपका। उसने दूसरे से कहा, "दोस्त जरा यह बेर उठाकर मेरे मुँह में डाल दो। आखिर चखूँ तो कैसे है?"

दूसरे ने कहा, "अरे, कैसे उठूँ मैं, मेरा मुँह कुत्ता चाट रहा है, पहले तुम इसे हटाओ।" उसी समय उधर से एक ऊँटवाला गुजर रहा था। पहले आलसी ने ऊँटवाले को पुकारा, "ओ, ऊँटवाले भाई, जरा इधर तो आना।"

ऊँटवाला आया, पूछा, "क्या बात है?"

"जरा यह बेर मेरी छाती पर से उठाकर मेरे मुँह में तो डाल दो।"

"अच्छा, इसी के लिए तुमने मुझे इतनी दूर से पुकारकर बुलाया है? छाती पर पड़ा बेर उठाकर तुमसे अपने मुँह में नहीं डाला जाता। कितने बड़े आलसी हो तुम?"

"और तुम क्या कम आलसी हो, जो इतनी दूर आकर भी दूसरे का एक इतना छोटा सा काम तुमसे करते नहीं बनता?"

ऊँटवाले ने देखा कि इस आदमी से बहस करना बेकार है, जो हाथ नहीं हिलाता, सिर्फ जबान की कैंची चलाने में ही उस्ताद है। भला, इस आलसी को देखो तो, अपनी छाती पर पड़ा बेर उठाकर इससे अपने मुँह में नहीं डाला जाता है।

25

जग जीत लियो मोरी कानी

किसी व्यापारी के एक कानी लड़की थी। उसे इसकी शादी को बड़ी चिंता रहती थी। उस जमाने में नाई, और बहुत हुआ तो ब्राह्मण देवता ही शादी का काम निपटाते थे। ऐसे काम निपटाने में नाई ज्यादा होशियार समझा जाता था। व्यापारी ने एक नाई को वर की तलाश में नगर से बाहर भेजा। रास्ते में उसे एक दूसरा नाई मिला, जो अपने यजमान के लड़के के लिए लड़की की खोज में निकला था। फिर क्या था, दोनों ने अपनी-अपनी कही-सुनी और बात पक्की कर ली। अपने-अपने ठिकाने पर पहुँचकर वहाँ लड़के, लड़की और समधी की तारीफों के खूब पुल बाँधे। दोनों ओर से संबंध पक्का हो गया। निश्चित समय पर बरात दुलहिन के घर पहुँची। भाँवर की रस्म में वर और कन्या को अग्नि के चारों ओर सात बार घूमना पड़ता है। वर पक्षवालों ने कहा, "हमारे यहाँ वर नहीं' अकेले कन्या के ही घूमने की रीति है।"

कन्या पक्ष तो सब तरह से दबा हुआ ही होता है और वहाँ तो लड़की के कानी होने के कारण और भी कमजोरी थी। डर था कि कहीं भेद न खुल जाए और ब्याह में विघ्न न पड़ जाए। इसलिए वर पक्ष की हर शर्त मानने को कन्यापक्ष विवश था। वैसे तो परदे के रिवाज के कारण लड़की के मुँह पर घूँघट होने

से उसके कानी होने का पता चलना संभव न था, लेकिन जब कन्या अग्नि के चारों ओर परिक्रमा कर चुकी तब कन्यापक्ष की नाइन, जो 'गौनहरियों (गानेवालियों में) थी, खुशी में आकर गाने लगी, 'जग जीत लियो मोरी कानी।' इस बीच वरपक्ष के नाई ने सारा किस्सा ताड़ लिया। उसने पास बैठी नाइन को सुनाकर कहा, 'वर ठाढ़ होय तब जानी', क्योंकि वर लँगड़ा था। अब तक तो कन्यापक्षवाले समझ रहे थे कि हमने वर पक्ष को चकमा देकर कानी लड़की उनके गले मढ़ दी, पर अब दोनों को मालूम हो गया कि 'जैसे को तैसा मिल गया।'

26

जात-पाँत पूछे नहिं कोय
हरि को भजे सो हरि का होय।

बादशाह अकबर के दरबार में एक बार पाँच साधु आए। किसी ने पूछा, "आप लोग किस जाति के हैं?" जवाब मिला, "साधु की जाति क्या?"

बादशाह ने मन में कहा, 'बात तो ठीक ही कहता है कि साधु की जाति क्या, लेकिन पहले तो इनकी कोई-न-कोई जाति रही ही होगी।'

बीरबल दरबार में उपस्थित थे ही। बादशाह से बोले, "हुजूर देखें, मैं अभी इनकी जाति का पता लगा देता हूँ।' फिर साधुओं से कहा, "आप महात्मन्, ईश्वर के संबंध में एक-एक पद सुनाने की कृपा करें।"

एक साधु ने सुनाया–

'राम नाम लड्डू, गोपाल नाम घी।
हरि नाम मिसरी, घोल-घोल पी।।'

बीरबल ने अनुमान लगाया, 'खाने का लोभी है, ब्राह्मण होना चाहिए।'

दूसरे ने गाया—

'राम नाम की शमशीर पकड़कर, कृष्ण कटारी बाँध लिया।
दया धर्म की ढाल बनाकर, यम का द्‌वार जीत लिया।।'

बीरबल ने तय किया कि यह क्षत्रिय है, क्योंकि ढाल, तलवार और कटारी की बात करता है।

तीसरे ने सुनाया—

'साहब मेरा बानियाँ, सहज करै ब्योपार।
बिन डंडी बिन पालड़े, तोले सब संसार।।'

बीरबल ने विचार किया कि यह डंडी-तराजू की बात करता है, हो न हो, बनिया है।

चौथे साधु ने सुनाया—

'राम भरोसे बैठ के सबका मुजरा लेय।
जैसी जाकी चाकरी वैसा वाको देय।।'

बीरबल ने कहा—यह तो स्पष्ट शूद्र है, तभी इस गरीब को चाकरी सूझती है।

पाँचवाँ साधु पहुँचा हुआ था। बोला—

'जात-पाँत पूछे नहीं कोय।
हरि को भजे सो हरि का होय।।'

27

जैसा देवै वैसा पावै, पूत-भतार के आगे आवै

एक औरत छप्पर के नीचे बैठी खीर पका रही थी। वहीं छप्पर में से एक साँप खीर की हाँड़ी में आ गिरा। साँप तो उसने निकालकर फेंक दिया, लेकिन अब उस खीर का क्या करे? औरत कंजूस और लालची थी। घरवालों को वह खीर खिला न सकती थी, फेंकना उसके लिए एक समस्या थी। इसी समय भिक्षाटन के लिए एक साधु उधर आ निकला। उसने वह खीर साधु को दे दी और मन में बहुत खुशी हुई कि खीर बेकार नहीं गई। कुछ देर बाद औरत किसी काम से अपने पड़ोसी के यहाँ गई और साधु उस खीर को वहीं छोड़कर गंगा नहाने चला गया। पीछे से उसका पति और पुत्र खेत से काम करके घर लौटे। दोनों को जोरों की भूख लगी थी। सामने खीर रखी देखी। एक-एक कटोरा चढ़ा गए। थोड़ी ही देर में दोनों मर गए। गाँववालों ने सब किस्सा सुना। उन्हीं में से एक मुँहफट ने कहा–'जैसा देवै वैसा पावै, पूत-भतार के आगे आवै।'

28

जैसा करे वैसा भरे

एक पतोहू अपनी बूढ़ी सास को टूटी कटोरी में खाना दिया करती थी। संयोग से एक दिन सास के हाथ से कटोरी छूट गई और फर्श पर गिरकर दोटूक हो गई। बुढिया का बेटा उसी समय कहीं बाहर से घर में आया था। उसने कटोरी के टूटने पर अपनी माँ को जोर की डाँट लगाई। बुढिया इस मामूली से नुकसान पर बेटे से ऐसी झिड़की की उम्मीद नहीं करती थी। बेचारी रो पड़ी। बहू

खुश हो रही थी कि सास को आज अच्छी डाँट पड़ी। पहले कभी ऐसा अवसर न आया था कि बेटा अपनी माँ को डाँटता? अकसर उसका पति अपनी माँ का पक्ष लिया करता था। आज पति के इस नए रुख पर उसे बड़ा हर्ष हुआ कि मैं अकेली ही सास को बुरा नहीं समझती हूँ, बेटा भी माँ की हरकतों से नाराज है। मेरी सास है ही खोटी, मैं तो परायी 'जायी' हूँ, पर बेटा तो सास का अपना ही 'जाया' है।

जब माँ ने बेटे से डाँटने का कारण पूछा तो उसने आँखें भरकर कहा, 'माँ, क्या तुम समझती हो कि मैंने तुम्हें उस टूटी कटोरी के टूटने के कारण डाँटा है? तब मैं तुम्हारी पतोहू से भी गया-बीता हो गया। डाँटने का असली कारण तो यह था कि तुमने कटोरी नहीं, एक परंपरा तोड़ दी। वह कटोरी घर में कम-से-कम तब तक तो रहनी चाहिए थी जब तक कि मेरी पतोहू घर में आ जाती, जिससे वह देख लेती कि सास को क्या और कैसे बरतन में, कैसी तुच्छता से खाना दिया जाता है। तब वह भी अपनी सास से इसी तरह व्यवहार करती। उस समय मेरी स्त्री को सीख मिलती कि 'जैसा करे वैसा भरे।'

उसकी स्त्री सारी बातें ध्यान से सुन रही थी। आखिर कहावत सुनकर उसकी आँखें खुल गई। अपना दुखद भविष्य उसकी आँखों के सामने नाचने लगा। उस दिन से उसने सास के प्रति अपना व्यवहार बदल लिया और सास की तन मन से सेवा करने लगी।

29

जिस कारण मूँड मुँडाया, वही दु:ख आगे आया

किसी गाँव में एक आलसी आदमी रहता था। कोई काम उससे कभी पूरा नहीं होता था। उसे बराबर घरवालों की डाँट-फटकार सुननी पड़ती थी। उसने अपने ही जैसे किसी दोस्त से सलाह माँगी कि क्या करे। दोस्त ने सुझाया कि मूँड़ मुँड़ाकर वैरागियों में जा मिलो, वहाँ मुफ्त में खाने को मिलता रहेगा।

दोस्त की सलाह मानकर उसने ऐसा ही किया। मूँड़ मुँड़ाकर एक महंत के पास गया। महंत ने पूछा, "क्या काम जानते हो? यहाँ कुछ काम तो करना ही पड़ेगा।"

उसने जवाब दिया, "काम ही करना होता तो मैं घर से क्यों निकलता?" फिर वह भुनभुनाया–'जिस कारण मूँड़ मुँड़ाया, वो ही दु:ख आगे आया।'

30

जिसकी लाठी उसकी भैंस

हिंदी में यह कहावत खूब प्रचलित है। बंगाली में है–'जोर-जार मुल्लुक तार', 'जार लाठी तार माटी (धरती)'। अन्य भाषाओं में भी इस तरह की कई कहावतें हैं। इस कहावतको महाकवि अकबर ने एक शेर में बड़ी खूबसूरती से गूँथा है–

'उन्हीं की भैंस है भाई, कि जिसकी लाठी है,
उन्हीं का गाँव है अकबर, जो बना ठाकुर है।'

एक ब्राह्मण देवता ने कहीं यजमानी में एक अच्छी भैंस पाई। उसे लेकर घर की ओर चले। बीच में रास्ता दूर तक सुनसान था। रास्ते में उन्हें एक अहीर मिल गया। उसके हाथ में एक लंबी लाठी थी और शरीर से भी वह खूब तगड़ा था। उसने ब्राह्मण देवता से दो-चार इधर-उधर की बातें करने के बाद कहा, "ब्राह्मण देवता, यह भैंस तो मुझे दे दो।"

ब्राह्मण ने कहा, "क्यों भाई?"

उसने कहा, "मैं क्यों-स्यों नहीं जानता। भैंस छोड़कर यहाँ से चुपचाप भाग जाओ, वरना भैंस तो जाएगी ही, तुम्हारी खोपड़ी के भी टुकड़े होंगे।"

ब्राह्मण भी शारीरिक बल में अहीर से कम न था, लेकिन उसका हाथ खाली था। करे तो क्या करे–पर बुद्धिबल खूब था उसमें।

बात बनाकर बोला, "भैंस ले भले ही लो, पर ब्राह्मण की चीज यों लेने से तुम्हें पाप लगेगा। बदले में कुछ देकर भैंस लेते तो तुम पाप से बच जाते।"

अहीर ने कहा, "यहाँ मेरे पास देने को क्या धरा है?"

ब्राह्मण ने कहा, "और कुछ न सही, लाठी से ही भैंस का बदला कर लो।"

अहीर खुशी के मारे उछल पड़ा। लाठी ब्राह्मण के हाथ में पकड़ा दी और भैंस पर दोनों हाथ रखकर खड़ा हो गया। ब्राह्मण ने कड़ककर कहा, "चल हट भैंस के पास से, नहीं तो तेरी खोपड़ी के अभी दो होते हैं।"

अहीर ने पूछा, "क्यों?"

ब्राह्मण बोला, "क्यों का मतलब–जिसकी लाठी उसकी भैंस।"

अहीर ने अपनी बेवकूफी समझी और चुपचाप वहाँ से खिसक गया। किसी ने सच कहा है, "बुद्धिर्यस्य बलं तस्य, निर्बुद्धेश्च कुतः बलं।"

अर्थात् जिसमें अक्ल है, उसके पास ताकत है। बेअक्ल के पास ताकत कहाँ?

संस्कृत में और भी कहा है–

"धिक् बलं क्षत्रिय बलं (शस्त्रबलं), बलं ब्रह्मबलं (बुद्धिबलं) बलं।"

31
जिसमें ओत हो

बादशाह अकबर ने बीरबल से पूछा, "बताओ, हिंदुस्तान में सब जातियों में सबसे स्वार्थी जाति कौन सी है?"

बीरबल ने कहा, "बनिया।"

"इसके प्रमाण के लिए कल मैं हुजूर के सामने एक बनिए को पेश करूँगा।"

दूसरे दिन बीरबल ने बाजार से एक बड़े व्यापारी को बुलाया और धमकाया कि मुझे खबर मिली है कि तुम्हारे यहां देने के बाट और हैं, लेने के और। व्यापारी काँपने लगा, क्योंकि सचमुच ही उसके लेने के बाट (बटखरे) और तथा देने के और थे। बीरबल ने कहा, "इस जुर्म में तुमको सूली पर चढ़ाया जाए अथवा फाँसी पर। दोनों में से जो चाहो चुन सकते हो।"

बनिया फाँसी तो समझता था कि गले में फंदा फँसाकर अपराधी को लटका दिया जाता है। लेकिन सूली क्या होती है, यह उसे पता न था। सूली में शायद लोहे की तेज कीलें किसी चीज पर गड़ी रहती होगी और अपराधी को ऊँचाई से उन कीलों पर (शूलों पर) गिरा देते होंगे। सूली का अर्थ समझ न पाने के कारण बनिया असमंजस में पड़ा कि सूली माँगे या फाँसी। उसने सोचा–शायद सूली फाँसी से भी अधिक भयानक होती होगी, पर वह कुछ निर्णय न कर पाया। बीरबल ने फिर पूछा, "जल्दी कहो, क्या चाहते हो सूली या फाँसी?"

अंत में बनिए ने कहा, "हुजूर जिसमें ओत हो (यानी जिसमें मैं फायदे में रहूँ) वही दी जाए।"

बीरबल ने बनिए को तुरंत मुक्त करा दिया और बादशाह से कहा, "देखिए हुजूर यह बनिया ही है, जिसे फायदे की इतनी धुन सवार है कि फाँसी और सूली में से भी फायदे की बात सोचता है।"

32

जैसे को तैसा मिले

जैसे को तैसा मिले सुनिए राजा भील।
पीतल को धुन खा गए, छोरे को ले गई चील।।

एक आदमी ने तीर्थयात्रा पर जाते समय अपने घर के पीतल के बरतन सुरक्षा की दृष्टि से पड़ोसी के यहाँ रख छोड़े। पड़ोसी के मन में बेईमानी आ गई। तीर्थयात्रा से लौटकर जब वह अपने बरतनलेने गया तो पड़ोसी ने कहा, "भाई, मुझे बड़ा अफसोस है. आपके बरतनों को तो घुन खा गए।"

उसने समझ लिया कि पड़ोसी की नीयत खराब हो गई है। आदमी था वह होशियार, कानोकान किसी को खबर न होने दी। नए बरतन खरीदकर अपना काम चलाया। अपनी तीर्थयात्रा के उपलक्ष्य में कुछ दिनों बाद उसने एक भोज दिया। सब मेहमान तो खा-पीकर वापस चले गए, उस पड़ोसी के एक बच्चे को चुपके से उसने एक अलग कमरे में अपने बच्चों के साथ खेलने को कह दिया। माँ-बाप ने बच्चे को इधर-उधर बहुत खोजा पर कहीं पता न चला। तब वहाँ के राजा को इसकी खबर दी गई। राजा ने कहा, "तुम्हें किसी पर संदेह हो तो कहो।"

उसने इस तीर्थयात्री पड़ोसी पर अपना संदेह प्रकट किया। राजा ने उसे बुलाकर पूछा, "क्यों जी, तुमने इसके लड़के को देखा है?"

उसने कहा, "महाराज, देखा क्यों नहीं, मेरे सामने से ही तो उसे चील उठा ले गई।"

राजा ने कहा, "इतने बड़े लड़के को चील कैसे ले जा सकती है?"

उसने कहा, "महाराज, वैसे ही जैसे पीतल को घुन खा जाते हैं।"

राजा ने पूछा, "पीतल को घुन कैसे खा सकता है?"

उसने कहा, "यह तो मेरे इस पड़ोसी से पूछिए।"

पूरा किस्सा मालूम होने पर राजा ने उसके बरतन वापस दिलवाए और लड़का भी अपने माँ-बाप के पास पहुँच गया।

33
डपोरशंख

एक भिक्षुक ब्राह्मण नितदिन पूजा किया करता था। देवता प्रसन्न हुए, उसे एक ऐसा शंख दिया कि इससे जो माँगिए, वह सब मिलता था। किसी को इसका पता चल गया और वह उसे उड़ाने की फिराक में लगा रहा। मौका पाकर उसने शंख चुरा लिया। भिझुक ब्राह्मण अपने देवता के पास पहुँचा और उसे अपना दु:ख सुनाया। देवता ने कहा, "अच्छा, मैं तुम्हें एक दूसरा शंख देता हूँ, पर यह डपोरशंख है। तुम सौ माँगोगे तो यह कहेगा कि दो सौ लो, पर देगा एक टका भी नहीं।"

"तो मैं ऐसे शंख को लेकर क्या करूँगा?"

"क्या करोगे? जिस आदमी ने तुम्हारा वह शंख चुराया है, उसी के सामने इस शंख से जितना चाहो माँगना। यह उसका दूना देने की बात करेगा। बस, वह आदमी तुम्हारी नजर बचाकर यह शंख उड़ा लेगा और पहला शंख इसकी जगह पर रख देगा। तुम वह शंख लेकर वहाँ से तुरंत अपने घर आ जाना और आगे उसे सँभालकर रखना।"

देवता के बताए अनुसार उसने वही किया। चोर ने इसकी नजर बचाकर पहले वाला शंख रख दिया और नया शंख उठा लिया। गरीब ब्राह्मण अपना शंख लेकर चलता बना। दूसरे दिन जब चोर ने डपोरशंख से कहा, "ला, सौ रुपए!" तो वह बोला, "अहं डपोरशंखोस्मि, वदामि च ददामि न।" (मैं तो डपोरशंख हूँ। कहता हूँ, देता नहीं।) जो बढ़-चढ़कर बातें करते हैं, पर कुछ करते नहीं, उन्हें लोग 'डपोरशंख' कहते हैं।

34

तीसरा मुझको मारेगा

बनियों की डरपोक प्रवृत्ति के बहुत किस्से कहे जाते हैं। उनमें से एक का संबंध इस कहावत से है। पुराने जमाने की बात है, तब न रेल थी, न तार की सुविधा। एक लालाजी को किसी दूसरे शहर जाना था। रास्ता जंगल से होकर जाता था। डर रहे थे कि राह में कोई चोर-डाकू मिल गया तो जान की खैर नहीं। पर 'लालच बुरी बलाय', दस-बीस की कमाई का हिसाब था। पीठ पर बकुचा बाँधकर चल पड़े। चले तो, पर लालाजी के दिमाग में डाकुओं का डर बुरी तरह घुसा हुआ था। जरा सा कहीं पत्ता खड़कता कि उनके होश गुम हो जाते, आधी जान निकल जाती।

ऐसे ही लोगों के लिए कहावत है– 'कायर मौत के पहले मरता है।'

संयोगवश, सामने से दो घुड़सवार आते नजर आए। लालाजी ने समझा कि अब जान नहीं बचने की, अब की बार तो मिल गए डाकू। जब घुड़सवार नजदीक आए तो लालाजी ने बहुत झुककर सलाम किया और बड़ी विनम्रता से पूछा, "सरदार आप किधर जाएँगे?" घुड़सवारों ने उसी स्थान का नाम लिया जहाँ लालाजी को जाना था। पूछा, "आप लोग वहाँ कैसे पधार रहे हैं।"

घुड़सवारों ने कहा, "हम लोग राजा के सिपाही हैं।"

अब लालाजी के जी-में-जी आया। बोले, "तो हुजूर मुझे भी अपने साथ लेते चलें, रास्ता बड़ा सुनसान है, चोर-डाकुओं का बड़ा डर है। मेरे तो प्राण ही सूखे जाते हैं।"

घुड़सवारों ने कहा, "हम लोगों के साथ क्या डर है? चलो।"

इधर-उधर घुड़सवार सिपाही चल रहे थे और बीच में लालाजी। एक मंजिल पार करने के बाद सामने से तीन सवार आते दिखाई दिए। लालाजी ने काँपते हुए कहा, "लगता है डाकू आ पहुँचे। बस, अब मेरी खैर नहीं।"

दोनों घुड़सवारों में से एक ने कहा, "अरे, इतना डरते क्यों हो? हम लोगों के पास भी तो हथियार हैं। एक को तो खतम किए बिना मैं नहीं छोड़ूँगा।"

दूसरा सिपाही बोला, "तो एक की मौत मेरे हाथ समझो।"

लालाजी बोले, "जरूर आप लोग दो को मार देंगे, लेकिन तीसरा मुझको मार डालेगा।" तभी से यह कहावत चल पड़ी है।

35
दिल्ली में बारह बरस भांड़ झोंकते रहे

एक आदमी को दिल्ली में बारह बरस बिताने के बाद संयोग से देहात में जाना पड़ा। उसे दिल्ली में बारह बरस रहने का बड़ा

अभिमान था। बात-बात में कहता, "हमारी दिल्ली में यह है, हमारी दिल्ली में ऐसा है, आप जानें क्या? आपको बड़े शहरों का पता क्या, वहाँ कैसे-कैस लोग बसते हैं, वहाँ के तौर-तरीके, वहाँ की इमारतें, वहाँ के स्कूल-कॉलेज, नाटक, सिनेमा...।" जब सुनो उसके मुँह से दिल्ली-ही-दिल्ली सुनाई देती, दिल्ली की तारीफ कभी खत्म ही न होती।

एक आदमी ने उसे दिल्ली के बारे में बहुत डींग हाँकते सुनकर कहा, "भाई, आप दिल्ली की इतनी बातें करते हैं, दिल्ली मैंने भी देखी है। दो-चार बार गए भी हैं। ऐसा अनोखापन क्या है उसमें?"

"गए होंगे आप, पर दिल्ली में आप रहे कितने दिन?"

"हम वहाँ कभी दो-चार दिन से ज्यादा तो नहीं रहे।"

"तब तुम दिल्ली के बारे में क्या जानो? मैं तो वहाँ बारह साल रहा हूँ, पुरे बारह साल।"

एक दूसरा व्यक्ति पास ही खड़ा था, जो इस आदमीकी हकीकत से अच्छी तरह परिचित था। वह पूछ बैठा, "भला, यह तो बताओं कि वहाँ तुम करते क्या थे?"

"करने-धरने से क्या ताल्लुक है? हमने एक जमाना बिताया है राजधानी दिल्ली में।"

"फिर भी बताओ न, तुम वहाँ क्या काम करते थे?"

जब कई बार पूछने पर भी न बताया तो उस व्यक्ति ने कहा, "तुम नहीं बतलाते तो मुझे ही बतलाना पड़ेगा। मैंने सुना है कि तुम बड़े दरीबे में एक भड़भूजे के यहाँ भाड़ झोंकते थे।" यानी बेकार का काम करते रहे और डींग मारते हो इतनी बड़ी-बड़ी।

36

देखना ऊँट किस करवट बैठता है

एक कुँजड़ा और कुम्हार गाँव में पास-पास रहते थे। बाजार में दोनों को अपना सामान बेचने ले जाना था। दोनों ने एक ऊँट साझे में किराए पर लिया और एक-एक तरफ अपना-अपना सामान लादा। रास्ते में चलते-चलते बीच में ऊँट अपनी लंबी गरदन घुमाकर कुँजड़े के साग-पात में से कुछ खींच लेता था। इसपर कुम्हार हँसता था। लेकिन कुँजड़ा कहता, "चलो देखते हैं, ऊँट किस करवट बैठता है।"

बाजार में पहुँचकर बैठाए जाने पर ऊँट बोझवाली करवट बैठा। मिट्टी के बरतनों के कारण वह करवट भारी थी। कुम्हार के बहुत से बरतन चूरचूर हो गए। कुँजड़े ने कुम्हार की हँसी का पूरा बदला चुका दिया। इसी वजह से यह कहावत चल पड़ी कि 'देखना है, ऊँट किस करवट बैठता है।'

37

दौलत अंधी होती है

समरकंद के बादशाह अमीर तैमूरलंग के पास दिल्ली में एक अंधा गवैया आया। बादशाह ने उसका नाम पूछा, तो वह बोला, "मेरा नाम दौलत है।"

बादशाह ने मजाक में कहा, "अरे, कहीं दौलत भी अंधी होती है?"

उस हाजिरजवाब अंधे ने उत्तर दिया, "जहाँपनाह, दौलत अंधी न होती तो लँगड़े के घर क्यों आती?

बादशाह तैमूर के पैर में लंग था। कहा जाता है, इसी से उसका नाम तैमूरलंग पड़ गया था।

38

निन्यानबे का फेर

किसी धनी के पड़ोस में एक गरीब दरजी रहता था। उसकी दस-बीस रुपए रोज की मजदूरी मुश्किल से बनती थी पर वह उतने में ही बहुत खुश था। मियाँबीवी दो ही थे, रहने को छोटा सा घर था। सस्ते का जमाना था–अच्छा खाते, अच्छा पहनते थे, जोड़ने से उन्हें कुछ मतलब न था। इधर सेठ साहब की आमदनी का कोई ठिकाना न था, लेकिन जोड़-जोड़कर रखना और दौलत से दौलत पैदा करना, यही उनका काम था। अपने पेट को न पूरा खाना देते, नतन को अच्छा कपड़ा।

उनकी सेठानी ने एक दिन अपनी खिड़की से दरजी और उसकी स्त्रीको खूब अच्छा खाना खाते देखा। कपड़े तो वह दोनों को हमेशा ही साफ-सुथरे पहने देखती थी। दोनोंके चेहरे हरदम खिले ही रहते थे। इसके विपरीत, सेठ के पास काफी संपत्ति होते हुए भी वह इतने खुश न थे। कमाने और जोड़ने की फिक्र तो थी ही, ऊपर से बड़ी फिक्र यह और थी कि हमारे पीछे यह संपत्ति भोगेगा कौन? सेठानी को तो दिन-रात इसी का झींखना रहता था कि उनके अब तक कोई संतान न हुई।

सेठानी एक दिन सेठ के सामने दरजी के सुखी जीवन की चर्चा करते हुए बोली, "मुझे तो ये गरीब पति-पत्नी हमसे अधिक सुखी दिखाई देते हैं। इतनी कम कमाई में इतने सुखी कैसे रहते हैं? यह तो बड़े अचरज की बात है।"

समझदार सेठ ने कहा, "असली बात यह है कि ये निन्यानबे के फेर में नहीं पड़े हैं।"

"निन्यानबे का फेर क्या होता है?"

सेठ ने कहा, "यों बताने से तुम्हारी समझ में बात नहीं आएगी– इन्हें निन्यानबे के फेर में डालकर तुम्हें दिखाऊँगा।"

इसके बाद सेठ ने एक रुमाल में निन्यानबे रुपए बाँधकर एक रात को सेठानी के द्वारा दरजी के आँगन में डलवा दिए। सवेरेही सवेरे दरजी की स्त्री को रुपयों वाला वह रुमाल मिला। उसने दरजी को दिखाया, फिर खोला तो उसमें एक कम सौ रुपए निकले। दरजी बोला, "जान पड़ता है कि कोई चील या बंदर किसी के यहाँ से रुमाल में बंधे रुपए उठा लाया है और हमारे आँगन में डाल दिया है। लाओ, ये रुपए मैं गाँव के मुखिया को दे आऊँ, जिसके होंगे उसे मिल जाएँगे।"

दरजी की स्त्री लालच के वशीभूत होकर बोली, "अभी ऐसी क्या जल्दी पड़ी है? कोई डुग्गी पिटेगी, कोई धन का हकदार खड़ा होगा तो ये रुपए उसे दे दिए जाएँगे, नहीं तो मानना चाहिए कि ये रुपए भगवान् ने हमारे लिए ही भेजे हैं।"

दरजी ने रुपए मुखिया को सौंप आने का बहुत आग्रह किया पर उसकी स्त्री न मानी। रुपए रख लिये गए।

कई दिनों बाद स्त्री ने कहा, "आखिर तुम हमेशा ही तो कमाते नहीं रहोगे" बुढ़ापा आएगा। आँखें, हाथ काम करने में असमर्थ हो जाएँगे, उस समय के लिए हमें अभी से थोड़ा-थोड़ा बचाकर रखना चाहिए।

दरजी ने जवाब दिया, "क्या जोड़ने की बात करती हो? जानती हो, पैसा जोड़ना दुःख जोड़ना है। बुढ़ापे में भगवान् कहाँ

चला जाएगा? जो भगवान् अभी पालन करता है वह बुढ़ापे में क्या हमें भूल जाएगा? बस, उसकी कृपा बनी रहे।"

दरजी ने कहा, "आदमी की जमा-पूँजी जाते कितनी देर लगती है? रुपयों की शक्ल में इन ठीकरों का तुम्हें बड़ा भरोसा है, भगवान् का नहीं?"

"भगवान् का भरोसा तो सब है ही, लेकिन रुपयों से भी इस दुनिया में बहुत काम चलता है। देखो, अपने बगल में ही यह सेठजी हैं, कितनी बड़ी हवेली खड़ी है, कितने दास-दासी इनकी सेवा में हैं। कैसे शानदार ढंग से जिंदगी व्यतीत करते हैं।"

"तुम समझती हो कि सेठ-सेठानी बड़े सुखी हैं। पूछो न एक दिन सेठानी से। रुपए से सब कुछ होता है तो वह एक बच्चा क्यों नहीं पैदा कर लेते? रोज ही तो गंडा-तावीज कराती फिरती हैं सेठानी।"

"जो हो, मैं कहती हूँ, भविष्य के लिए कुछ जोड़ना जरूर चाहिए।"

"मालूम होता है कि इन निन्यानबे रुपयों ने तुम्हारे जी में जोड़ने की हवस पैदा कर दी है। इसलिए मैं इस बला को जल्दी-से-जल्दी घर से बाहर निकालना चाहता हूँ।"

स्त्री अपने हठ पर अड़ी रही और रोज की आमदनी में से कुछ-न-कुछ बचाकर उस निन्यानबे की पूँजी को बढ़ाने लगी। कुछ दिनों में निन्यानबे के सौ हुए तो उसे बड़ी खुशी हुई। वह मन में कहने लगी– आज तो मेरे पास पूरे एक सौ रुपए हो गए हैं, मैं चाहूँ तो चाँदी के कई जेवर इन रुपयों से बनवा सकती हूँ। धीरे-धीरे रुपयों की संख्या बढ़ने लगी और दांपत्य सुख घटने लगा। खाने-पीने, पहनने-ओढ़ने में कमी होने लगी। दोनों के चेहरे

भी उतने खिले नहीं दिखाई देते। चेहरों पर कुछ-कुछ चिंता की लकीरें छाई रहने लगीं।

सेठ ने एक दिन सेठानी से पूछा, "अपने पड़ोसी के हाल तो सुनाओ।"

सेठानी बोली, "अब तो उनकी भी हमारी जैसी दशा हो गई है, बेचारे निन्यानबे के फेर में पड़ गए हैं।"

39

नौ दिन चले अढ़ाई कोस

किसी ने एक पोस्ती अर्थात् अफीमची पर एक मिसरा कहा– "पोस्ती ने पी पोस्त, नौ दिन चले अढ़ाई कोस।"

अफीमची बोला, "जनाब, वह असली पोस्ती न होगा, डाक का कोई हरकारा होगा।" पोस्ती का तो कौल होता है–

"मर जाना, पर कहीं उठ के जाना नहीं अच्छा,
मर्दों का हाथ-पैर हिलाना नहीं अच्छा।"

40

पंच कहें बिल्ली तो बिल्ली ही सही

एक दुकानदार अपनी दुकान में साँकल लगाकर पास ही खाट बिछाकर सोया था। उसके सो जानेपर एक चोर कुंडी खोलकर दुकानमें घुस गया। दुकानदार की आँख खुली तो देख कि साँकल खुली हुई है। वह उठा और धीरे से दरवाजे की कुंडी चढ़ा दी। चोर भीतर से 'म्याँव-म्याँव' करने लगा। इस पर दुकानदार बोला,

"भाई, रात भर तो बंद रहो, सुबह पंच आएँगे, तब वे बिल्ली कहेंगे तो बिल्ली ही सही।"

तभी से यह कहावत चल पड़ी कि 'पंच कहें बिल्ली तो बिल्ली ही सही।'

41

पंचों का कहना सिर-माथे, परनाला यहीं गिरेगा

गाँव के एक आदमीके आँगन में पड़ोसी का परनाला गिरता था। उसने पड़ोसी से बहुत आरज़ू-मिन्नत की, पर पड़ोसी ने एक न मानी। इसपर उसने गाँव की पंचायत में दरख्वास्त दी। पंचों ने उसके पड़ोसी को बुलाकर कहा, "तुम अपने परनाले का रुख दूसरी ओर फेर दो तो तुम्हारा कोई नुकसान नहीं है। तुम्हारे पानी से इसका आँगन गंदा रहता है। इसमें तुम्हारा जो खर्च होगा वह इससे दिला देंगे।"

पड़ोसी दुष्ट स्वभाव का था। बोला, "आप लोग जो कहते हैं सब ठीक है, पंचों का कहना सिर-माथे, पर परनाला यहीं गिरेगा।" यह कहकर वह धृष्टतापूर्वक वहाँ से चला गया।

42

पाँच सवारों में नाम लिखाना

शहर दिल्ली के सदर दरवाजे पर कहीं बाजार से आए हुए चार घुड़सवार खड़े थे। उन्हीं के पीछे एक कुम्हार गधे पर बैठा चला आ रहा था। किसी ने पूछा, "घुड़सवारों, आप लोगों ने रास्ते में कोई ऊँट चरते तो नहीं देखा?"

सवार जब तक बोलें, उसके पहले ही कुम्हार बोल उठा, "हम पाँचों सवारों ने कोई ऊँट-वूँट नहीं देखा।"

इस प्रकार गधे पर सवार होते हुए भी उसने अपने को घुड़सवार बताने का प्रयास किया, तभी से यह कहावत प्रचलित हो गई।

43

काटो मत पर फुंकारो जरूर

किसी गाँव के पास एक चलती सड़क के किनारे बिल में एक विषधर साँप रहता था। गरमी के दिनों में अकसर रात को और कभी-कभी दिन में भी वह हवा खाने के लिए सड़क पर आ जाता था। रास्ते पर जानेवालों के पैरों से दब जाने पर उसने दो-चार राहगीरों को काटा और वे तुरंत मर गए। गाँववाले उसे मारने की खोजने जाते तो वह भाग जाता था। लोगों के मन में उस साँप का ऐसा डर समाया कि उस रास्ते पर चलना बन्द सा ही हो गया। कोई भूला-भटका उधर जाता तो लोग इस रास्ते पर जाने से मना करते। अब साँप प्राय: सड़क पर ही रहता, कोई वहाँ से गुजरता तो फन खड़ा करके काटने को दौड़ता था।

एक दिन कोई सन्यासी उधर से जाने लगे तो एक गाँववाले ने कहा, "महाराज, उस रास्ते से मत जाइए, वहाँ सड़क पर एक काला नाग रहता है। उसने कई राहगीरों को काटा है। उसका काटा आज तक कोई बचा नहीं। अब वह रास्ता एक प्रकार से बंद ही हो गया। लोग बहुत घूमकर जाते हैं पर इस रास्ते से नहीं जाते।"

साधु ने कहा, "साँप मुझ साधु को क्यों काटेगा?"

उस आदमी ने कहा, "यह तो आप समझिए, मैंने तो आपको सावधान कर दिया। फिर आपको अपनी जान प्यारी नहीं तो जाइए, इसमें मेरा क्या बिगड़ता है?"

साधु ने कहा, "मुझे तो उसी रास्ते पर जाना है और अगर साँप मिल गया तो उसे भी समझाना है।"

उस आदमी ने देखा कि ये भी विचित्र प्राणी हैं, जो कहते हैं साँप को समझाएँगे। साँप इनकी सुनेगा भला? फिर भी उसे उत्सुकता हुई कि चलकर देखना चाहिए—क्या होता है? उसने महात्मा से पूछा, "आप बुरा न मानें तो मैं भी आपके पीछे-पीछे आ जाऊँ।"

"जरूर आ जाओ, इसमें मेरा क्या जाता है?"

"अगर, साँप मिल जाए तो आप मुझे उससे बचाएँगे?"

"तुम बेधड़क चले आओ।" साधु ने उसे हिम्मत दी।

साधु के चेहरे और उसकी बातों में कुछ ऐसी विलक्षणता थी कि वह आदमी उनके पीछे हो लिया। थोड़ी दूर जाने पर साँप बीच सड़क पर ही मिला। दिन का समय था। वह कीड़े-मकोड़े चुग रहा था। साधु और इस आदमी को देखते ही उसने फन फैलाया और काटने को दौड़ा। महात्मा ने कहा, "वहीं ठहर जा, तू लोगों को काटता क्यों है?"

उस आदमी ने देखा, साँप ठहर गया और साधु के सामने फन झुकाकर बोला, "महाराज, यह तो मेरा स्वभाव ही है।"

साधु ने कहा, "यह बुरा स्वभाव है तेरा। पता नहीं, किन पापों के फल से तू सर्प योनि में आया है, और अब लोगों काटकर क्यों अपने सिर और अधिक पाप चढ़ाता है?"

"अब आप जैसी आज्ञा दें, सो करूँ।"

"अब किसी को मत काटना।"

"आपकी आज्ञा शिरोधार्य है।"

साधु ने सर्प को आशीर्वाद दिया और आगे बढ़ गए। वह आदमी लौटकर गाँव में आया। यह किस्सा उसने सबको सुनाया। लोगों को बड़ा आश्चर्य हुआ। अब गाँववाले बेखटके उधर से आने जाने लगे। यदि साँप रास्ते में दिखाई दे जाता तो उसे कोई-कोई दुष्ट दो-एक डंडा भी जमा देता। लड़के भी कहते–मारो-पीटो, साँप किसी को काटता नहीं, बस भाग जाता है। पत्थर खा-खाकर साँप अधमरा सा हो गया था। एक दिन वही साधु फिर उधर आ निकले और संयोग से वह साँप भी उनके सामने पड़ गया। साँप ने साधु को प्रणाम किया। साधु ने उसकी दशा पूछी तो बोला, "आप मेरे शरीर से ही अनुमान कर लें। लोग मुझे डंडों पत्थरों से मारते हैं, पर मैं तो आपको दिए वचन पर आरूढ़ हूँ, मैं किसी को काटता नहीं।"

साधु ने देखा, लोगों ने मार-मारकर साँप को अधमरा कर डाला है। उसने साँप से कहा, "मैंने तुम्हें काटने को मना किया था, फुंकारने को तो नहीं? फुफकारोगे तो लोग डरेंगे और फिर पत्थर नहीं मारेंगे।"

साँप ने कहा, "मैंने तो आपको अपना गुरु मान लिया है। आप जो सीख देंगे, मैं उसके अनुसार चलूँगा।"

उस दिन से कोई उसे मारने को ढेला उठाता तो वह जोर से फुफकारता। तब से ढेला मारनेवाले डरने लगे। साँप भी आनंद से रहने लगा और रास्ता भी यथावत् चलने लगा।

44

'बनिज करेंगे बानिए और करेंगे रीस, बनिज किया था जाट ने, रह गए सौ के तीस।'

किसी गाँव के एक जाट और बनिये में बड़ी गहरी दोस्ती थी। जाट खेती-बाड़ी करता, बनिया व्यापार और लेने-देन। जाट की खेती कभी अच्छी उतर जाती, कभी वर्षा की कमी से वह घाटे में पड़ जाता। पर बनिया तो हमेशा कमाता-ही-कमाता। बेचारे जाट के घर की मरम्मत तक न हो पाती और बनिये के कोठे-अटारी बनते जाते।

एक दिन जाट ने बनिये से कहा, "भाई, मुझे भी कोई रोजगार बतलाओ, जिससे रुपये पैसे की आमदनी हो।"

बनिया बोला, "तुम देखते ही हो, मेरा तो खास रोजगार बबूल के गोंद का है। यहाँ तो गोद काफी मिलता है और सस्ता भी। मैं वह खरीदकर दूसरी जगह ऊँचे भाव पर बेच लेता हूँ। इसी में कुछ कमाई हो जाती है। मैं यहीं रुपये सेर के भाव से खरीदता हूँ और इसी बाजार में चार रुपये सेर बेचता हूँ। तुम भी चाहो तो यह काम कर सकते हो।"

जाट ने सौ रुपए का गोंद खरीदकर डाल दिया और इस ख्याल में रहा कि कोई थोक का ग्राहक आने पर सब एक साथ तौल दूँगा।

बनिया जो गोंद लेता, उसे पीठ पर लादकर हाथ-के-हाथ दूसरे बाजार में ले जाकर बेच आता। जाट के पास कोई थोक ग्राहक न आया। बरसात में गोंद भी लटियाकर बहुत खराब हो गयी। इधर गोंद का बाजार भी गिर गया। जाट ने बनिए से अपना गोंद

खरीद लेने की प्रार्थना की। बनिए ने उसे गरजू समझकर सौ के कुल तीस रुपए दिए।इस प्रकार उसने बेचारे जाट को ठग लिया। कहावत है–"जान मारे बनिया, अनजान मारे ठग।" बनिए ने वह गोंद पास के बाजार में धीरे-धीरे बेचकर तीस के सौ कमा लिये।

इस तरह की दूसरी कहावत भी है–

जिसका काम उसी को साजे,
और करे तो डंडा बाजे।

45

बाघ से बेसी टिपटिपवा का डर

एक लकड़हागा अपने खच्चर पर जंगल से लकड़ी ले कर चला। लकड़ी इकट्ठा करते-करते जंगल में ही उसे रात हो गई। बरसात के दिन थे। लौटते हुए रास्ते में एक बुढिया की झोंपड़ी में ठहरा। अपना खच्चर बाहर बाँध दिया। बुढिया से पूछा, "क्यों बुढिया माई, रात को यहाँ किसी बाघ-शेर-भालू का डर तो नहीं हैं?"

बुढिया बोली, "नहीं बेटा, बाघ का तो नहीं, पर मुझे तो बाघ से ज्यादा टिपटिपवा का डर लगता है।"

झोंपड़ी के पीछे एक शेर खड़ा यह सब सुन रहा था। सोचने लगा, मुझसे ताकतवर यह 'टिपटिपवा' कौन जानवर है? रात को आँधी आई और उसके बाद जोर की वर्षा। बुढिया ने लकड़हारे से कहा, "लो, आ गया टिपटिपवा।"

लकड़हारा अपने खच्चर को सँभालने झोंपड़ी से बाहर निकला। खच्चर खूँटे से किसी प्रकार खुलकर पास ही में घास चरने लगा था। वह शेर झोंपड़ी के पीछे टिपटिपवा के डर से दुबककर बैठा था। लकड़हारा खच्चर को खोजते हुए झोंपड़ी के पीछे की ओर गया तो अँधेरे में उसने शेर को खच्चर, समझकर उसका एक कान पकड़ा और लाकर झोंपड़ी के सामने बाँध दिया। शेर ने समझा कि यही 'टिपटिपवा' है, जिसके बारे में बुढियाबातकर रही थी। दुम दबाए शेर डर के मारे लकड़हारे के साथ चला आया। बुढिया ने तड़के जब झोंपड़ी से निकलकर शेर को दरवाजे पर बँधा देखा तो जोर से चिल्ला उठी और लकड़हारा तो शेर को देखकर ही सूख गया। अरे, रात को मैंने खच्चर के धोखे में शेर को लाकर खूँटे से बाँध दिया था। उसने सामने नजर उठाकर देखा तो थोड़ी दूरी पर उसका खच्चर घास चर रहा था। अँधेरा दूर होते ही शेर भी गले का फंदा तुड़ाकर भाग गया।

बुढिया से लोगों ने इस घटना के बारे में पूछा। लकड़हारे ने कहा कि सब उसी 'टिपटिपवा' के कारण हुआ है। पर अभी तक यह पता नहीं चला कि बुढिया का वह 'टिपटिपवा' कौन जानवर है? पूछने पर बुढिया ने बताया, "मैं तो बरसात की रात में सबसे ज्यादा अपनी छान (छप्पर) के टपकने से डरती हूँ।" छान से टपकने में 'टिप-टिप' की आवाज होने को वह 'टिपटिपवा' कहती थी।

46

बड़ी बहू बड़ा भाग, छोटो बनड़ो घणों सुहाग

किसी सेठ की बहू लड़के से बड़ी आ गई। एक दिन वह अपने पड़ोसी से बोला, "भाई, मेरे लड़के की शादी में बड़ा धोखा हुआ।"

पड़ोसी ने पूछा, "कैसा धोखा हो गया? क्या बात है?"

सेठ ने बताया, "बहू लड़के से बड़ी है।"

पड़ोसी बहुत मजाकिया इनसान था। बोला, "अजी, इसमें बुरा क्या है, सास को शीघ्र छुट्टी देगी—घर का काम-काज जल्दी सँभाल लेगी। 'बड़ी बहू बड़ा भाग' मानिए।

इन्हीं सज्जन को इनके दूसरे दोस्त ने एक दिन अपनी विपत्ति सुनाई, "भाई, मेरी लड़की की शादी में लड़का देखने में बड़ी चूक हो गई।"

"क्या हुआ?"

"वर लड़की से छोटा है।"

पड़ोसी ने कहा, "कैसे बुद्धू हो तुम, सुनी नहीं वह मारवाड़ी कहावत–'छोटो बनड़ों घणों सुहाग'–लड़का कम उम्र है तो ज्यादा दिन जिएगा, लड़की अधिक दिन सुहाग भोगेगी।"

47

बनिये का बेटा कुछ देखकर गिरता है

एक बनिये का लड़का सिर पर तेल की हाँड़ी रखे बाजार में से होकर जा रहा था। एक जगह वह गिरा तो हाँड़ी फूटकर सारा तेल सड़क पर बिखर गया। किसी ने बनिये से जाकर कहा, "तुम्हारा लड़का आज रास्ते में गिर गया और तेल की हाँड़ी फूट गई।"

बनिया बोला, "बनिये का लड़का यों गिरने वाला नहीं है, कुछ देखकर ही गिरा होगा।"

घर आने पर पिता ने उससे पूछा तो पता चला कि रास्ते में एक अशरफी देखकर वह उस पर गिर पड़ा था, इस खयाल से कि यों झुककर अशरफी उठाने में कोई देख लेगा। मैं अशरफी पर गिरा और चुपके से उसे जेब में रख लिया। ऐसी ही होती है बनिये के बेटे की चतुराई–धन के लिए।

48

भगवान् जो करता है, भला करता है

एक राजा शिकार के लिए वन में गया। तलवार की धार की जाँच करते हुए उसके दाहिने हाथ की कानी उँगली कट गई। साथ में उसका मंत्री भी था। राजा दर्द से कराहने लगा तो मंत्री

ने सांत्वना के स्वर में कहा, "महाराज, भगवान् जो करता है भले के लिए ही करता है।"

राजा को मंत्री पर बड़ा क्रोध आया कि मुझे तो इतनी पीड़ा हो रही है, मेरी एक उँगली ही गायब हो गई और यह कहता है कि भगवान् ने यह सब भले के लिए किया है। राजा ने उसी समय उसे मंत्री मद से हटा दिया।

इलाज के बाद राजा की उँगली का दर्द एक-दो दिन में जाता रहा। तीसरे दिन राजा शिकार के पीछे घोड़ा दौड़ाते जंगल में दूर निकल गया। वहाँ घने जंगल में डाकुओं का एक बड़ा गिरोह रहता था। उस गिरोह ने राजा को पकड़ लिया। डाका डालने जाने के पहले देवी को एक मनुष्य की बलि देना उनका पुराना रिवाज था। आज उन्होंने राजा की बलि चढ़ाने की ठानी। राजा ने बहुत अनुनय-विनय की, पर एक न सुनी गई। डाकुओं का सरदार राजा को देवी के सामने खड़ा करके सिर धड़ से अलग करने को ही था कि उसकी नजर राजा के दाहिने हाथ की उँगली पर पड़ी। उसकी तलवार रुक गई। राजा बंधन मुक्त कर दिया गया। सरदार बोला, "यह व्यक्ति बलिदान के योग्य नहीं है, इसके तो एक उँगली ही नहीं है। खंडित जीव है यह।" राजा के लिए तो 'जान बची और लाखों पाए'। राजा वहाँ से बेतहाशा भागा। घोड़ा तो उसका डाकुओं ने पहले ही ले लिया था। कई दिन पैदल चलकर अपने राज्य में पहुँचा। पहुँचते ही सबसे पहले उस मंत्री की तलाश करवाई। सब घटना सुनाकर उसे मंत्री पद से हटाए जाने पर बड़ा दुःख प्रकट किा। मंत्री ने कहा, "महाराज, मेरे लिए भी भगवान् ने भला ही किया था। मुझे आप निकाल न देते तो मैं आपके साथ जरूर जाता और तब मेरा तो बलिदान हो गया होता, क्योंकि मैं तो कहीं से खंडित नहीं था।" तब से ही यह कहावत चल पड़ी कि 'भगवान् जो करता है, भला करता है।'

49

बोले सो मारा जाए

एक राजकुमार ने अपने पिता की मृत्यु के बाद एक दिन अपने बुद्धिमान मंत्री से कहा, "आप मुझे कोई सीख दीजिए और मेरे दोष बताइए।"

मंत्री ने बतलाया, "चुप रहने से सब काम बन जाते हैं,इसमें बड़ी भलाई है। ज्यादा बोलनेवाला मारा जाता है, तकलीफ उठाता है, अत: मैं आपके अवगुण नहीं कहूँगा। कहने से मुझे नुकसान ही होगा। दूसरे, 'हितस्य श्रोता वक्ता च दुर्लभः।'–हित की सुनने और कहने वाला भी बहुत थोड़े होते हैं, क्योंकि 'हित मनोहारि च दुर्लभः वचः।'–हितकारी हो और मन को सुहाने वाली भी हो, दोनों बातों का मेल मुश्किल से मिलता है।"

मंत्री ने अप्रत्यक्ष रूप से बड़ी अच्छी सीख दी, पर राजकुमार को इससे संतोष नहीं हुआ। संभव है, उसे इस बात की उम्मीद नहीं हो कि मंत्री अवगुण न बताकर उसके गुण बतलाएगा। कहेगा, 'आप में–और अवगुण! आप तो प्रत्यक्ष गुणनिधि है।' मंत्री बुद्धिमान था, खुशामदी नहीं था।

एक दिन राजकुमार मंत्री को साथ लेकर आखेट के लिए जंगल में गया। दिन भर दौड़ते-भागते रहने पर भी कोई शिकार हाथ न लगा। साँझ होने पर, लौटने के समय झाड़ी में एक तीतर बोल उठा। राजकुमार ने अवाज का अनुमान कर तीर छोड़ा। तीतर ढेर हो गया। मंत्री बोला, "मूर्ख, न बोलता तो मारा नहीं जाता।"

50

भरम का भूत, शंका डाइन

एक सेठ बड़े बहमी थे। वह कहीं जाने के लिए निकलते, कोई झूठ-मूठ भी छींक देता या खुद उन्हीं को छींक आ जाती, तो फिर उनके पैर आगे न बढ़ते। कहीं दस-बीस कोस दूर जाना होता तो मुहूर्त निकलवाकर ही यात्रा पर जाते। बिल्ली अगर सामने से निकल गई तो सोच लिया कि आज जरूर किसी से

झगड़ा होगा। घर से निकले और कोई नंगे सिर सामने आ गया या कोई पनिहारिन खाली घड़ा लिये सामने पड़ गई तो समझ लेते कि आज का दिन शांति से नहीं बीतेगा। दूसरे से बातचीत करते हुए सुबह-ही-सुबह किसी कंजूस या बदनाम आदमी का नाम जबान पर आ जाता तो 'हरे राम, हरे राम' के उचारण से दोष-प्रक्षालन करते और कहते—मूजी का नाम सुबह्-ही-सुबाह जबान पर आया है, पता नहीं आज दिन भर खाना मिलेगा या नहीं। उनकी सेठानी उनसे भी ज्यादा बहमी थीं। उसे रात को पेड़ के पत्ते-पत्ते में भूत दिखाई देता था। शाम के बाद बच्चों को चौराहे पर न जाने देतीं, कहतीं कि कोई जादू-टोना कर देगा। किसी पेड़ के नीचे न जाने देतीं कि भूत चिपट जाएगा। दस-बीस बहम हों तो गिनाए जाएँ, वहाँ तो सेठ-सेठानी के पीछे अनगिनत वहम लगे हुए थे। इन वहमों के कारण उनका जीवन सदा दु:खमय रहता था।

अचानक एक विचित्र घटना घटित हुई। होली से एक-दो दिन पहले लड़कों ने खेलने के लिए लाल रंग घोला। दिन में खेलकर शाम को बचा हुआ गाढ़ा-गाढ़ा लाल रंग लोटे में रख दिया कि सवेरे इससे होली खेलेंगे। सेठजी बड़े सवेरे, अँधेरे ही शौच जाया करते थे। संयोग से उस दिन वही लोटा उनके हाथ लगा। देखा, पानी भरा है, उसे ही लेकर शौच के लिए मैदान चले गए। निवृत्त होकर पानी इस्तेमाल किया तो खून-ही-खून। खून देखते ही उन्हें ऐसी घबराहट हुई कि वहीं गिर पड़े। एक परिचित की नजर पड़ी तो उसने उनके घर खबर कर दी। लोग दौड़े आए और खाट पर डालकर घर ले आए। घर के सभी लोग परेशान हो गए। सेठजी को होश आने पर घरवालों ने पूछना शुरू किया, "क्या हुआ, कैसे बेहोश हो गए?"

सेठजी सिसकते-सिसकते–मानो वर्षों के बीमार हों, बोले, "क्या बताऊँ, आज मेरे पाखाने से दो सेर से कम खून न गिरा होगा। खून देखते ही मेरा सिर चकरा गया। मैं तो वहीं गिर पड़ा। मुझे आश्चर्य है कि इतना खून गिरने पर भी मैं जिंदा कैसे रह गया? अब, मेरे शरीर में जरा भी शक्ति बाकी नहीं रही। कमजोरी के मारे अंग-अंग टूटा जा रहा है।"

सामने वालों ने भी साथ दिया, "भला, इतना खून गिरने के बाद भी आदमी खड़ा कैसे रह सकता है?"

तुरंत वैद्य-हकीम के लिए इधर-उधर आदमी दौड़ाए गए। सेठानी का तो बुरा हाल था।

इसी बीच दस साल के एक लड़के ने आकर सेठानी से पूछा, "माँ, तेरे कमरे में चौकी के नीचे मेरा रंग भरा लोटा रखा था, कहाँ है वह?"

सेठानी गुस्से में बोली, "मुझे क्या मालूम? तंग मत कर। तुझे रंग की पड़ी है, यहाँ तो जान के लाले पड़े हैं। जा, भाग यहाँ से।"

"माँ, बता न, हम लोगों ने रात को लोटे में लाल रंग घोलकर रखा था कि सवेरे रंग खेलेंगे, वह लोटा कहाँ गया?"

"खोजो, होगा कहीं इधर-उधर। लोटा कहाँ जाएगा? रंग किसी ने गिरा दिया होगा। जा, मुनीमजी से पैसे लेकर बाजार से और रंग ले आ।"

सेठानी ने नौकर से कहा, "जा, इसे लोटा खोजकर दे दे।"

घर भर में उस लोटे की खोज हुई। लोटा न मिला। वह सेठजी के रोज पाखाने ले जाने का पुराना लोटा था। दूसरा लोटा खराब न हो, इसलिए लड़कों ने उसमें रंग घोल लिया था। सेठजी

यह सब चर्चा सुन रहे थे। उन्होंने कहा, "लोटा तो मैं सवेरे पाखाने ले गया था। लोग मुझे उठाकर ले आए, लोटा शायद वहीं छोड़ आए।"

लड़कों ने कहा, "उसी लोटे में ही तो हमने रंग घोलकर रखा था। बाबूजी, रंग का अपने क्या किया?"

अब सेठजी की समझ में आया कि जिसे उन्होंने खून समझा था वह उस लोटे में घोला हुआ लाल रंग था। खोजने पर लोटा वहीं पड़ा मिला। यह उनके भ्रम का भूत था, जिसने सबको परेशान कर दिया था।

51

भागते चोर की लँगोटी ही भली

किसी बनिए के यहाँ एक चोर ने सेंध लगा दी। माल-मता जो उसके हाथ लगा, ढोकर बाहर ले गया। आखिरी बार बचा-खुचा सामान लेने आया तो जाग पड़ गई। 'चोर के पैर कहाँ'–वह भागा। चोर नंग-धड़ंग केवल लँगोटी पहने था। बनिए ने सेंध से निकलते-निकलते चोर की लँगोटी पकड़ ली। लँगोटी बनिए के हाथ में रह गई, चोर निकल गया। सवेरे मुहल्लेवाले इकट्ठा हुए। क्या गया, क्या रहा, चोर किधर से आया, कैसे भागा, उसकी शक्ल कैसी थी इत्यादि प्रश्नों की बौछार बनिए पर होने लगी। बनिया सब बातों को हू-ब-हू बयान करता रहा। एक पड़ोसी ने कहा, "चोर अकसर कुछ निशान छोड़ जाया करते हैं।"

बनिया बोला, "छोड़ तो नहीं गया, पकड़-धकड़ में एक लँगोटी ही मेरे हाथ लगी है।"

पड़ोसी ने कहा, "चलो, भागते चोर की लँगोटी ही भली।" तभी से यह कहावत चल पड़ी है।

52

मन चंगा तो कठौती में गंगा

भक्त रैदास अपने घर के बाहर सड़क पर बैठकर जूते गाँठा करते थे। एक दिन उसी रास्ते, किसी पर्व के अवसर पर, एक पंडितजी गंगा-स्नान के लिए जा रहे थे। चलते-चलते उनका जूता फट गया। मार्ग में मोची को पाकर जूता गँठवाने खड़े हो गए। रैदास पहले किसी दूसरे का जूता गाँठ रहे थे। पंडितजी बोले "भाई, मेरा जूता जल्दी गाँठ दे, मुझे गंगाजी जाना है।"

रैदास ने कहा, "हाथ में लिया पहला काम पूरा करके बस आपका काम करता हूँ। बैठ जाइए। जल्दी ही हो जाएगा।"

पहला काम निबटाकर रैदास मन लगाकर पंडितजी के जूते की सिलाई कर रहे थे। पंडितजी बोले, "अरे चमरू, इतना बड़ा पर्व है, हम लोग बीस-बीस कोस चलकर नहाने आए हैं, तेरे तो यह कोस भर पर गंगा है, क्या तू नहाने न जाएगा?"

रैदास काम को पूरा करते हुए बोले "महाराज, मैं गरीब आदमी गंगा नहाता रहूँ तो बाल-बच्चों की रोटी का ठिकाना लगना कठिन हो जाएगा।"

पंडितजी बोले, "तू गँवार है, तुझे आज के पुण्यपर्व के फल का पता नहीं, इसीलिए ऐसा कहता है। वैसे तो तेरा न जाना ही ठीक है, चमार के गंगाजी में नहाने और उस जल के छीटे दूसरों को लगने-से अशुद्धता फैलेगी।"

रैदास ने इस ओर ध्यान न दिया और काम पूरा करके पंडितजी के आगे रख दिया। पंडितजी ने जेब से पैसे निकालकर रैदास को देने लगे। रैदास बोले, "महाराज,मैं आपसे मजूरी नहीं लेना चाहता, मेरा एक कारज कर दीजिए।"

पंडितजी ने पूछा, "वह क्या?"

रैदास बोला, "ये दो सुपारी मेरी ओर से गंगाजी को भेट चढ़ा दीजिएगा। लेकिन एक शर्त के साथ कि गंगाजी हाथ बढ़ाकर इन्हें ले तब।"

उसकी ऐसी ऐंठ पर पंडितजी मन में हँसे, पर रास्ता तय करने की जल्दी में तर्क-वितर्क में न पड़कर सुपारियाँ लेकर झोले में डाल लीं। घाट पर पहुँचकर नहाए-धोए, पूजा-पाठ किया। वापस लौटने को थे कि रैदास की दोनों सुपारियाँ याद आईं। सोचा–लाओ, गंगाजी में फेंक चलें। पर रैदास के वचनों का स्मरण हुआ कि गंगाजी हाथ बढ़ाकर लें, तभी देना। रैदास ने यह बात कुछ ऐसे ढंग से कही थी कि पंडितजी उसे भूल नहीं सकते थे। पंडितजी को विश्वास तो न था कि ऐसा संभव भी हो सकता है, पर कहने में जाता ही क्या था। गंगाजी को सुनाकर बोले, "ये रैदास की दो सुपारियाँ हैं। उसने कहा है कि गंगाजी हाथ बढ़ाकर लें तो दे देना।"

उसी समय जल में एक सुंदर कोमल हाथ ऊपर निकला और सादर सुपारी लेकर अंदर हो गया। फिर तुरंत दूसरा हाथ एक सोने का सुंदर मूल्यवान कंगन लेकर पानी से ऊपर उठा। साथ ही कोई कहता सुनाई दिया कि यह प्रसादस्वरूप रैदास को देना और कहना कि तुम्हारी भेंट गंगा ने सप्रेम स्वीकार कर ली है।

इस चमत्कार ने ब्राह्मण को अचंभे में डाल दिया। मन में रैदास के प्रति ईर्ष्या पैदा हुई। घर लौटते हुए राह में रैदास का

घर पड़ा, पर वह वहाँ ठहरने क्यों लगा? सोने के कंगन को देखते ही उसके मन में लोभ आ गया था। घर पहुँचते ही कंगन ब्राह्मणी को दिखाया। देखकर वह खुश हो गई। ब्राह्मणी को सारी घटना भी सुनाई, पर कंगन की खुशी में ब्राह्मणी ने उस बात पर अधिक ध्यान नहीं दिया। वह मगन थी कि यह कंगन पाकर उनका जन्म-दारिद्र्य दूर हो जाएगा। सुंदर रत्न जड़ा सोने का कंगन। उसकी कीमत का क्या ठिकाना। ब्राह्मणी पंडित से बोली, "इसे राजा के यहाँ ले जाकर भेंट करो, बड़ा इनाम मिलेगा। यह समझ लो कि अब भीख माँगने से हम लोगों का पिंड छूटा।"

विचार करके ब्राह्मण कंगन सहित राजा के दरबार में पहुँचे। राजा उस कंगन को भेंट स्वरूप पाकर बहुत खुश हुआ। पंडित को एक लाख रुपया पुरस्कार-स्वरूप देकर विदा किया। कंगन रानी के पास गया। देखकर वह उसपर लट्टू हो गई। हाथ में पहनकर देखा। सबने बड़ी तारीफ की। साथ ही कहा, "महारानी का दूसरा हाथ सूना लगता है।" राजा के पास इसकी सूचना पहुँचीकि इसका जोड़ा चाहिए। फौरन पंडितजी तलब किए गए कि इसका जोड़ा लेकर आएँ अन्यथा घर-बार लुटवाकर देश-निकाला। राजा ही तो ठहरा। न उसे खुश होते देर लगती, न कुपित होते। कहा भी है–

'राजा, जोगी, अगिन, जल, इनकी उलटी रीत।
बचते रहिए गुनीजन, ये थोड़ी पालें प्रीत।'

पंडितजी घबराए हुए राजा के पास पहुँचे और कंगन पाने की सारी हकीकत कह सुनाई। राजा बोला, "रैदास से जाकर कहो, गंगाजी से इसका जोड़ा लाकर दे।"

पंडितजी लाख रुपया लिये रैदास भगत के पास पहुँचे। एक लाख रुपया उसके सामने रखा और सब बीती बात सुनाई। साथ ही रोते हुए बोले, "भगत, किसी तरह मेरी जान बचाओ। गंगाजी के पास जाकर इसका जोड़ा लाकर दो। एक लाख तो यह लो और एक लाख जो जोड़ा लाओगे उसका मिलेगा।"

रैदास ने कहा, "महाराज, रुपयों की तो मुझे कोई आवश्यकता नहीं है, यह तो आप ले जाइए। गंगामाई मजूरी में खाने भर को देती ही हैं, और गंगाजी तक जाने का मेरे पास अभी समय नहीं हैं। मैं यों फिरता रहूँ तो मेरे बाल-बच्चे भूखों पर जाएँगे। पर यह मैं अवश्य चाहता हूँ कि आपको राजा का कोपभाजन न बनना पड़े।"

इस पर ब्राह्मण उसके सामने बहुत गिड़गिड़ाकर बोला, "तो जैसा तुम्हें उचित जान पड़े वैसा करो। लेकिन यथाशीघ्र कोई उपाय करो, कहीं राजा कुपित न हो जाए और कोई अनिष्ट न कर डाले।"

यह सब सुनकर पंडितजी की हालत देखते हुए रैदास भगत ने अपनी उसी चाम भिगोनेवाली कठौती पर कपड़ा डाला और बोले, "मन चंगा तो कठौती में गंगा।"

थोड़ी देर बाद कपड़ा उठाते ही उसमें से चमकता हुआ ठीक उसी तरह का जोड़ा कंगन दिखाई दिया। रैदास ने ब्राह्मण को कंगन देकर कहा, "अब आप जल्दी कीजिए।" ब्राह्मण ने रैदास से वह लाख रुपए रखने का बहुत आग्रह किया। परंतु रैदास ने कहा, "मैं अपनी मेहनत-मजदूरी से सुखी हूँ संतुष्ट हूँ, मुझे ज्यादाकी जरूरत नहीं है, बाकी गंगा मैया सब पूरा कर देंगी।"

रैदास को लाख रुपए लौटाते देखकर ब्राह्मण आश्चर्य में पड़ गया। दस-दस पैसे में जूता गाँठने वाला लाख रुपए ठुकरा रहा

है। इसी से इसमें यह करामात है। यह संकल्प तथा समर्पण की भावना का चमत्कार है।

53

माया तेरे तीन नाम - परसा, परसू, परसराम

एक बनिए का बेटा जब कुछ सयाना हो गया तो पिता ने उसे दस रुपए देकर कहा, "जा कुछ कमा।"

लड़के ने चने लिये और घूम-घूमकर बेचने लगा। लोग बुलाते, "अरे, परसा पचास पैसे के चने दे तो।"

कुछ दिन बीते, उसके पास सौ-पचास रुपए इकट्ठा हो गए। बाप ने खोमचा लगाने की सलाह दी। वह खोमचा लगाने लगा। लोग बुलाते, "ओ परसू, दो रुपए की पकौड़ी देना।" कुछ साल व्यतीत हुए परसू के पास हजास्दो हजार की पूँजी इकट्ठी हो गई। तब उसने अपनी दुकान खोल ली। अब जो ग्राहक उसकी दुकान पर आता, उसे लाला परसराम कहकर संबोधित करता।

लाला परसराम जब-तब लोगों को आप बीती सुनाते तो यह जुमला जरूर कहते–, "माया तेरे तीन नाम–परसा, परसू, परसराम।"

54

मियाँजी की दाढ़ी वाह-वाह में गई

एक मियाँजी की दाढ़ी बहुत ज्यादा घनी थी और लंबी भी। उनके शागिर्दों में से किसी ने एक दिन उनकी दाढ़ी पर हाथ फेरा और उसमें से एक बाल नोच लिया। बाल हाथ में लेकर वह तारीफ करने लगा, "वाह, क्या दाढ़ी है हमारे मियाँजी की।" दूसरे शागिर्द ने भी यही किया, और तीसरे ने भी। आखिर में नौबत यहाँ तक पहुँची कि उस रास्ते से गुजरने वाले हर एक ने तारीफ करने के बाद मियाँजी की दाढ़ी से एक-एक बाल नोचना शुरू किया। नतीजा यह हुआ कि मियाँजी की समूची दाढ़ी इसी वाहवाही में चली गई।

55

मुझे भी जीना है

हैदराबाद में एक धनवान रईस रहते थे, वे एक बार बीमार पड़े। डॉक्टर को बुलाया, सब दिखाया, दवा लिखवायी, मँगवाई भी; पर खाई नहीं। दूसरे दिन कुछ चंगे हुए। फिर भी डॉक्टर को बुलवाया, इसलिए कि पैसों की तो उनके पास कोई कमी थी ही नहीं। डॉक्टर ने देखकर कहा, "कल से तो आज आप अच्छे जान पड़ते हैं, दवा ने अपना असर दिखाया जान पड़ता है। कल दिन भर में आपने दवा की कितनी खुराकें ली थी?"

"कहा, मैंने तो एक खुराक भी नहीं खाई।"

डॉक्टर ने आश्चर्य से कहा, "आप क्या कहते हैं, एक भी खुराक नहीं खाई?"

रईस ने शीशी मँगवाकर सामने रख दी। शीशी के मुँह की कौन कहे, उसपर कागज का सुंदर पैकिंग भी ज्यों-का-त्यों था। डॉक्टर को बड़ा आश्चर्य हुआ कि जब खानी नहीं थी तो इस भले आदमी ने दवा मँगवाई ही क्यों, और फिर मुझे आज बुलवाया भी क्यों?

डॉक्टर ने रईस से पूछा, "आपने दवा क्यों नहीं खाई?"

"इसलिए कि मुझे जीना है।"

"फिर मँगवाई क्यों?"

"इसलिए कि दवा के दुकानदार को भी जीना है।"

"मुझे आज फिर क्यों बुलवाया?"

"इसलिए कि आपको भी जीना है।"

डॉक्टर बोले-"हूँ-हूँ, मैंने भी सुना है कि कुछ लोग दवा से परहेज करने लगे हैं, लेकिन आपने पहले जो कहा कि 'मुझे भी जीना है' वह पूरी बात मेरी समझ में नहीं आई।"

उत्तर मिला-"मेरा विश्वास है कि दवा से रोग जाता नहीं, कभी-कभी थोड़े समय के लिए दब जाता है। फिर कुछ दिनों बाद दूसरा विकट रूप धारण करके निकलता है और वही दबाया हुआ रोग कभी-कभी जी का जंजाल बन जाता है।"

56

मेरी तो लग गई है!

एक बनिया परदेश कमाने के विचार से बाहर निकला। उसके साथ एक ब्राह्मण भी हो लिया, जो अच्छा खाना बनाना जानता था। बनिए ने कहा, "जब तक मेरा कोई रोजगार न लगेगा तब तक मैं आपको कुछ पैसा वगैरह न दे सकूँगा, सिर्फ खाना-कपड़ा दूँगा। रोजगार लगने के बाद वेतन की बात देखी जाएगी।"

पहले ही पड़ाव पर ब्राह्मण ने समान लाने को पचास रुपए माँगे।

"क्या-क्या लाना है?"

"आटा, घी, चीनी, दाल, सब्जी, मसाला, लकड़ी और दाल-चूरमा।"

बनिए ने कहा, "दाल-चूरमा तो तब खाएँगे जब रोजगार लग जाएगा, अभी तो दाल-रोटी ही बनने दो। लो, बीस रुपया ले जाओ।"

ब्राह्मण ने दो आदमियों के लिए सब सामान खरीदा और अपने लिए दस रुपए का घी-चीनी अलग से ले लिया।

भोजन तैयार होनेके बाद जब बनिया खाने बैठा तो उसे दाल, रोटी, तरकारी परोस दी। बनिए ने देखा कि एक कटोरी में चूरमे के चार लड्डू रखे हैं। सोचने लगा, इसे मना कर दिया था, फिर भी इसने चूरमा कैसे बनाया? पूछा तो ब्राह्मण ने कहा, "लड्डू मैंने आपके लिए थोड़े ही बनाए हैं, वे तो अपने लिए बनाए हैं।"

"कैसे?"

"आपने तो कहा था कि रोजगार लग जाएगा तब चूरमा-लड्डू खाएँगे। तो आपका लगेगा तब आपके लिए बनाऊँगा, पर मेरी तो आपके यहाँ नौकरी लग ही गई है।" यह सुनकर बनिया चुप रह गया।

57

आपका सेवक हूँ, बैगनों का नहीं

किसी सेठ के यहाँ एक खुशामदी रसोइया नौकर था। एक दिन सेठ ने कहा, "पंि डज़ीबैगन से बढ़कर दुनिया में दूसरी तरकारी नहीं है।"

"हाँ बाबू, इसीलिए तो भगवान् ने उसके सिर पर मुकुट पहना दिया है।"

रसोइए ने दूसरे दिन खूब मसाला डालकर बैगन की सब्जी बनाई। सेठजी ने डटकर खाया। सब्जी स्वादिष्ट लगने से सेठजी रोटी भी सवाई खा गए।

परिणामस्वरूप दूसरे दिन सेठजी के पेट में जोरों का दर्द हुआ। मन में खयाल आया–हो न हो, यह बैगन की तरकारी खाने का दुष्परिणाम हो। रसोइए से बोले, "यह बैगन बहुत खराब तरकारी है, इसी ने मेरे पेट में दर्द पैदा कर दिया।"

रसोइया बोला, "बाबू, इसीलिए तो बंगाली लोग इसे बेगुन (बिना गुणवाला) बोलते हैं–इसमें कोई गुण नहीं है।"

सेठ ने कहा, "तुम उस दिन तो बैगन की इतनी तारीफ कर रहे थे, पर आज ऐसा कहते हो?"

"बाबू, आपने भी तो उस दिन बैगन की तारीफ की थी, और आप जानिए, मैं तो आपका सेवक हूँ, बैगनों का नहीं।"

58

या अल्लाह, गौड़ों में भी और

वाराणसी के किसी मुहल्ले में एक मुसलमान फकीर रहता था। माँग-चाँगकर वह मुश्किल से अपना पेट भर पाता था। उसकी झोंपड़ी के पास ही एक ब्राह्मण का घर था। उस ब्राह्मण को महीने में लगभग पंद्रहदिन ब्रह्मभोज का न्योता मिल जाता था। एक दिन फकीर ने सोचा कि मैं भी ब्राह्मण का भेष बना लूँ तो फिर ब्रह्मभोजों में शामिल होने में कोई अड़चन न होगी। फकीर ने सिर पर बड़ी सी चोटी रखाई, खूब मोटा जनेऊ पहना और माथे पर भस्म का बड़ा त्रिपुंड्र (तिलक) लगाया। दो-चार ब्रह्मभोजों में तो किसी ने नहीं पूछा, डटकर खा आया। पर फकीर के अपने मन में तो चोर था ही। इसलिए वह जरा सिकुड़ा-सिकुड़ा रहता और दूसरे ब्राह्मणों से कुछ किनारे बैठता कि कहीं कोई पहचान न ले। इतनी खबरदारी रखने पर भी,

संयोग से किसी भोज में कोई परोसनेवाला इस ब्राह्मण बने फकीर से पूछ ही बैठा, "भाई, आप किस वर्ण से हैं?"

उसने चटपट जवाब दिया, "ब्राह्मण हूँ, और क्या?

"ब्राह्मण सही, पर कौन ब्राह्मण?"

फकीर ने सुन रखा था कि ब्राह्मणों में एक गौड़ ब्राह्मण होते हैं। उत्तर दिया– "गौड़ हूँ।"

परोसनेवाले ने पूछा, "कौन गौड़?"

अब तो फकीर घबरा गया, क्योंकि वह नहीं जानता था कि गौड़ों में भी भेद होते हैं। अकस्मात् उसके मुँह से निकल पड़ा– "या अल्लाह गौड़ में भी और?" बस फिर क्या था, उस ब्रह्मभोज में हड़कंप मच गया और मियांजी की खूब मरम्मत की गई।

59

रंग मेहँदी के पत्ते-पत्ते में, पर पिसने पर

एक तीर्थयात्रा के दौरान दो स्त्रियों का साथ हो गया। एक मारवाड़ी थी, दूसरी गुजराती। मारवाड़ी स्त्री के साथ उसकी पतोहू भी थी। गुजराती स्त्री ने देखा कि पतोहू के हाथ पर सुर्ख रंग से बड़ी सुंदर चित्रकारी की गई है। उसे वह बहुत पसंद आई। उसने मारवाड़ी बहन से पूछा, "यह कैसे की गई है?"

उसने बताया कि मोम को गलाकर एक नोकदार सलाई से ऐसे-ऐसे चित्रित करके उसपर मेहँदी लगाने से रंग आ जाता है। गुजराती बहन जरा जल्दबाज किस्म की स्त्री थी। थोड़ा सा सुनकर ही बोली, "हाँ-हाँ, बहन, मैं समझ गई।"

जब वह लौटकर अपने घर आई तो एक दिन किसी माली से कहकर बाग से मेहँदी की पत्तियाँ मँगवाई और अपनी पतोहू के हाथ पर गरम मोम से चित्र खींचने के बाद ऊपर से मेहँदी की पत्तियाँ बाँध दीं। कई घंटे रहने के बाद खोलकर देखा तो कोई रंग नहीं आया। फिर वैसे ही बाँध दिया। खोलती, देखती, फिर बाँध देती। इस तरह उसने पूरे दिन मेहनत की, पर कुछ हुआ नहीं। पतोहू इस खोला-बाँधी से परेशान हो गई, पर हाथ रचाने के चाव और सास के भय से चुप थी। अंत में उसने पत्तों को उतारकर फेंक दिया। अब उस गुजराती बहन के मन में शंका

पैदा हुई कि उस मारवाड़ी स्त्री ने मुझे गलत तरीका बताकर धोखा तो नहीं दिया; पर धोखा क्यों देगी? उसके मन में बड़ी साध थी कि मेहँदी रचने के बाद अपनी पतोहू के हाथ पास-पड़ोस की स्त्रियों को दिखाकर चकित करे। पर उसके मन-की-मन में ही रही।

संयोग से, दूसरे साल सूर्यग्रहण के अवसरपर कुरुक्षेत्र में उन दोनों स्त्रियों की भेट फिर हुई। राम-राम के बाद गुजराती बहन ने पहला सवाल यही किया, "क्यों बहन, मेरी पतोहू सारे दिन हाथ बाँधे बैठी रही। बेचारी को भारी सजा हुई तुम्हारी शरारत से।"

उसकी बात सुनकर मारवाड़ी हक्की-बक्की रह गई। माजरा कुछ समझ में नहीं आया। बोली, "बहन, तुम्हारी बात तो पहेली सी जान पड़ती है, साफ समझाकर कहो तो कुछ मालूम भी हो।"

"अरे, वही मेहँदी की बात! मोम से लिखने में इतनी मेहनत की, पत्तियाँ बाँधी, पतोहू को सारे दिन बिठाकर रखा।"

"बाँधी कैसे थी?–पीसकर?"

"पीसने को तुमने कब कहा था?"

"बहन, तुम्हारा कहा सिर-माथे पर, मुझे कसूरवार भले ही ठहराओ। पर तुमने मेरी बात सुनी ही कहाँ थी?" बीच में ही तो तुम बोल उठी थीं, 'समझ गई।' मैंने मन में सोचा कि समझ गई तो ठीक है। बताओ, मैं क्या करती? खैर, अब यह मारवाड़ी कहावत याद रखो–"महँदी-र पत्त-पत्त में रंग, पर बाँट्याँ सूँ।" मतलब, मेहँदी के पत्ते-पत्ते में रंग है, पर पीसने पर। उर्दू में भी एक शेर है–

'सुर्खरू होता है इंसाँ ठोकरें खाने के बाद,
रंग देती है हिना (मेहँदी) पत्थर पर पिस जाने के बाद।'

60
जाकी रही भावना जैसी

बात बहुत पुरानी है। तब रेलगाड़ी प्रचलन में नहीं आई थी। तीन दोस्त पैदल यात्रा कर रहे थे। किसी पेड़ पर एक पक्षी बोल रहा था। तीनों में से एक ने अपने दूसरे साथी से पूछा, "यह पक्षी क्या बोल रहा है?"

जिससे पूछा गया था, वह जाति का कुँजड़ा था। बोला, "यह बोल रहा है–प्याज, लहसुन, अदरक।"

प्रश्नकर्ता पहलवान था। बोला, "नहीं जी, तुमने ठीक नहीं समझा, यह तो साफ कह रहा है, दंड, मुग्दर, कसरत।"

तीसरा मित्र, जो अब तक चुप था, बोला, "नहीं भाइयो, यह तो साफ-साफ कह रहा है–राम, लछमन, दसरथ।"

उसी समय दूसरी ओर से कोई पति-पत्नी गुजर रहे थे। ये दोनों खड़े होकर पहले तीनों की बातें सुनने लगे। इसी समय तीतर फिर से बोला तो उस औरत ने कहा, "अरे, तुम सब इसकी बोली समझते ही नहीं, यह तो साफ बोल रहा है–चरखा, पोनी, चमरख।"

पति बोले, "अरे, यह तो कह रहा है, सुभान तेरी कुदरत।"

कोई गोस्वामी तुलसीदास का भक्त रामायणी वहाँ खड़ा था। उसने यह चौपाई दोहराई–"जाकी रही भावना जैसी, प्रभु मूरत देखी तिन तैसी।"

61

रुपयों के पास रुपया जाता है

किसी बेवकूफ ने एक कहावत सुनी कि 'रुपए के पास रुपया जाता है।' वह एक खाजाने की खिड़की पर जाकर खड़ा हो गया। पहरेदार ने पूछा, "वहाँ खड़ा क्या कर रहा है?"

बेवकूफ बोला, "जरा एक बात की आजमाइश करने आया हूँ। लोग कहते हैं कि रुपए के पास रुपया जाता है। मैं एक रुपया अपने साथ लाया हूँ। देखना चहता हूँ कि खजाने में से रुपया मेरे पास आता है कि नहीं?"

सिपाही समझ गया कि यह बेवकूफ है, लेकिन वह भी तमाशा देखने खड़ा हो गया कि देखें क्या करता है, क्या होता है?

उस आदमी ने जेब से रुपया निकाला और खिड़की के किनारे खड़ा होकर उसे उछालने लगा। साथ ही मन में सोचने लगा कि अब खजाने में से रुपया उड़कर उसके रुपए के पास आता है, अब आता है। संयोगवश, वह रुपया उसके हाथ में से गिरकर खिड़की के रास्ते खजाने के रुपयों में मिल गया। अब वह चिल्लाने लगा, "लोग झूठ कहते हैं कि रुपए के पास रुपया जाता है।"

सिपाही ने कहा, "मेरी समझ में तो बात बिलकुल ठीक कहते हैं लोग। तुम्हारा रुपया रुपयों के पास चला गया न? वह बहुत थे, तुम्हारा एक था। बहुतों ने एक को खींच लिया। जमात में करामात है।"

62

लक्ष्मीजी को कैसे रोकें

जयपुर में गोविंददेवजी का मंदिर बहुत प्रसिद्ध है। वहाँ के निवासी पहले जब जयपुर से बाहर कहीं यात्रा पर निकलते तो अच्छी कमाई के खयाल से गोविंददेवजी का दर्शन करके जाते थे। दर्शन का समय नियत होते हुए भी कुछ भेंट दे देने पर पुजारी जब चाहे भगवान् के मंदिरका पट खोल देता था। लोगों ने इसकी शिकायत वहाँ के राजा से की। राजा ने पुजारी को बुलाकर पूछा "तुम्हारी इस तरह की शिकायत सुनने में आई है, सच्चाई क्या है?"

पुजारी साफ मुकर गया। बोला, "अन्नदाता, आप जाँच करवा लें, भला ऐसी बात कैसे हो सकती है?"

कुछ समय बाद एक दिन स्वयं राजा भेष बदलकर सवेरे तीन बजे के करीब पुजारी के पास पहुँचे कि मुझे दर्शन कराओ।

पुजारी बोला, "अभी तो भगवान् का शयनकाल है किसी तरह भी दर्शन करना संभव नहीं है।"

"भाई, मेरा तो इसी समय जयपुर से विदा होने का मुहूर्त बना है, वह बिगड़ जाएगा और दर्शन किए बिना मैं विदा नहीं हो सकता हूँ।"

"तुम्हारा चाहे जो हो, मेरे पास तो इसका कोई उपाय नहीं है। तुम्हीं कहो, असमय भगवान् के पट कैसे खुल सकते हैं"

व्यापारी के भेष में राजा ने एक अशरफी निकालकर पुजारी के हाथ पर रखी और कहा, "भाई, चाहे जैसे हो, मेरा काम बना दो।"

पुजारी ने तुरंत मंदिर के पट खोल दिए। दर्शन करके वह व्यापारी चला गया।

दूसरे दिन पुजारी को दरबार में तलब किया गया। राजा ने पूछा, "क्यों पुजारीजी, अब तो तुम भगवान् के पट असमय नहीं खोलते हो?"

"नहीं अन्नदाता, कैसे खोल सकता हूँ।"

राजा ने कहा, "देखो, सच्ची बात कहना, नहीं तो इसका बहुत कड़ा दंड मिलेगा।"

यह सुनकर पुजारी सहमा और राजा के चेहरे की ओर ध्यान से देखने लगा। सोचा–कल रात स्वयं राजा ही तो नहीं थे? हो न हो, यही हों। अब तो उसके प्राण सूख गए, लेकिन था वह हाजिरजवाब। बोला, "अन्नदाता, यों तो राजा, सेठ, दुनिया का कोई क्यों न आ जाए, मैं पट नहीं खोलता हूँ। लेकिन अन्नदाता, जब साक्षात् लक्ष्मीजी आ जाती हैं तो मैं लाचार हो जाता हूँ।"

राजा ने मुसकराकर कहा, "अच्छा जाओ, इस बार तो माफी देता हूँ, फिर कभी शिकायत मिली तो सजा पाओगे।"

पुजारी ने मन में कहा, 'इस बार जान बची, आगे गोविंदजी जानें।'

63

लड़का फुसलाना था

एक दिन अकबर बादशाह को किसी जरूरी मसले पर सलाह के लिए बीरबल की बहुत जरूरत थी। बीरबल के नियत समय पर दरबार में न पहुँचने पर उन्हें बुलाने के लिए आदमी भेजा गया।

बीरबल ने कहा, "बादशाह से जाकर कहो कि बीरबल लड़के को फुसला रहे हैं, थोड़ी देर में आते हैं।"

जब थोड़ी देर में बीरबल नहीं पहुँचे तो बादशाह का आदमी फिर आया। इस बार भी बीरबल ने वही जवाब दिया। तीसरी बार के बुलाने पर बीरबल गए तो बादशाह को बहुत नाराज पाया। बादशाह ने कहा, "लड़का फुसलाने में इतनी देर लगती है?"

"हुजूर, लड़का फुसलाना बड़ा मुश्किल काम है।"

"कुछ नहीं, लाओ कोई लड़का, मैं अभी फुसलाए देता हूँ।"

"हुजूर, तुरंत मचला हुआ लड़का कहाँ मिलेगा, थोड़ी देर के लिए हुजूर के सामने मैं ही लड़का बन जाता हूँ। हुजूर तो सबके माँ-बाप हैं। आप मुझे फुसला दीजिए।"

"अच्छा, बनो लड़का।"

"बीरबल 'ऊँ-ऊँ' करके ठुनकने लगे।

बादशाह ने पूछा, क्या चाहते हो?"

"हाथी लूँगा।"

अकबर बादशाह के यहाँ हाथियों की क्या कमी थी। एक बड़ा हाथी आ गया। फिर भी बीरबल का ठुनकना जारी ही रहा।

बादशाह ने पूछा, "अब क्या चाहिए?"

बीरबल बोले, "एक मटका (घड़ा) लाओ।"

कुम्हार के यहाँ से मिट्टी का एक घड़ा तुरंत आ गया, फिर भी ठुनकना दूर न हुआ। तब बादशाह ने पूछा "अब?"

"इस हाथी को इस मटके में डाल दो।"

बादशाह ने कहा, "बीरबल, तुम कैसी नादानी की बात करते हो? भला, मटके में कहीं हाथी समा सकता है?"

बीरबल ने कहा, "हुजूर, आप यह क्यों भूल जाते हैं कि मैं इस समय लड़का बना हूँ। लड़कों से समझदारी की उम्मीद रखना तो एक हिमाकत ही है। कब, क्या बात उसके दिमाग में आएगी, इसका कोई ठिकाना नहीं रहता। इसलिए मैंने हुजूर से पहले कहा था कि लड़का फुसलाना बड़ा मुश्किल काम है।"

बादशाह को बीरबल की बात माननी पड़ी।

64

लेखा-जोखा यों, लड़का डूबा क्यों?

एक मुंशीजी अपने चार बच्चों को साथ लेकर पैदल नदी पार कर रहे थे। उन्होंने सब लोगों के पार करने की जगह यानी घाट से अलग ही नदी पार करने की ठानी थी। कारण पूछने पर कहने लगे, "सब बेवकूफ हैं कि उतनी दूर पार करने जाते हैं, पढ़े-लिखे नहीं हैं न। उन सबों को हिसाब मालूम नहीं है, मैं अभी यहीं बैठे-बैठे पानी की गहराई का हिसाब लगाए देता हूँ। देखिएगा, हम सब लोग यहाँ से आराम से पार उतर जाएँगे।"

मुंशीजी के हाथ में एक लाठी थी। उससे यहाँ-वहाँ चार जगह पानी की गहराई नापी एक जगह चार फीट आया, एक जगह डेढ़ फीट, एक जगह दो फुट, एक जगह ढाई फीट–कुल दस फीट हुआ। उसमें चार का भाग देकर बोले, बस, ढाई फीट पानी है। मुशीजी के किसी बच्चे की ऊँचाई गले तक ढाई फीट से कम न थी। इसलिए चारों को बेखटके पानी में उतार दिया। स्वयं पीछे रहे कि सब उस पार पहुँच जाएँ तो वह जाएँगे। पहला लड़का चार फीट गहराई में पहुँचते ही डूबने लगा। उसका चिल्लाना सुनकर इधर-उधर के लोग जमा हो गए। मुंशीजी से पूछने लगे, क्या हुआ, क्या हुआ? मुंशीजी के एक हाथ में हिसाब लगाते हुए बड़बड़ा रहे थे–"पेंसिल थी और एक हाथ में कागज। बड़े ध्यानसे अपने हिसाब को देख रहे थे और मन-ही-मन सोच रहे थे कि 'लेखा-जोखा यों, लड़का डूबा क्यों?'"

65

लेना एक न देना दो

यह कथा बड़ी पुरानी है। एक मोर और कछुए में गहरी दोस्ती थी। मोर पेड़ पर रहता था और उसी के नीचे पोखरे से पानी पीता और मस्त होकर नाचता था। कछुआ उसका नाच देखकर खुश रहता था। दुर्भाग्यसे एक दिन बहेलिए ने मोर को अपने जाल में फँसा लिया और उसे बाजार में बेचने चला।

मोर बहेलिए से बोला, "अगर तुम थोड़ी सी दया करो तो मैं अपने दोस्त कछुए से मिल लूँ, क्योंकि अब तो सदा के लिए हमारा वियोग होने वाला है।"

बहेलिया मोर की बात मानकर उसे कछुए के पास ले गया। अपने दोस्त को बहेलिए के हाथ में फँसा देखकर कछुए का दिल भर आया। उसने बहेलिए से मोर को छोड़ देने की प्रार्थना की। बहेलिया बोला, "वाह-वाह! इस तरह मैं अपना शिकार छोड़ता रहूँ तो मैं भूखों ही मर जाऊँ।"

कछुए ने कहा, "मैं इसे छोड़ने का तुम्हें कुछ इनाम दूँ तो?"

"तब मुझे छोड़ने में क्या आपत्ति हो सकती है?

इसपर कछुए ने पोखरे में डुबकी लगाई और अपने मुँह में एक सुंदर लाल लेकर बाहर निकला। उसने वह लाल बहेलिए को सौंप दिया। बहेलिया खुशी से फूला नहीं समाया। उसने लाल पाते ही मोर को छोड़ दिया। थोड़ी दूर चलकर बहेलिए के मन में और अधिक लालच जागा, उसने सोचा कि मैंने मोर की मुक्ति के लिए दो लाल माँगे होते तो अच्छा रहता। यह सोचकर वह लौट पड़ा और कछुए से बोला, "कछुआ भाई, तुमने तो मुझे ठग ही

लिया। मैं एक लाल पर मोर को छोड़ने वाला नहीं था। वैसा ही एक लाल मुझे और दो, नहीं तो मैं मोर को फिर पकड़ लूँगा।'

कछुए ने मोर को पहले ही समझा दिया था कि वह दूर उड़ जाए। बहेलिए के लोभ ने कछुए को नाराज कर दिया। वह बोला, "ठीक है, लाओ वह लाल वापस दो मुझे। मैं उसी के जोड़ का दूसरा लाल पोखरे के भीतर से खोजकर लाता हूँ।"

लालच ने बहेलिए की अक्ल पर परदा डाल दिया था। वह भूल गया कि 'हाथ में का एक, झाड़ी में के दो से' अच्छा होता है। उसने लाल तत्काल कछुए को दे दिया। कछुए ने लाल लिया और पानी में यह कहते हुए गोता लगाया कि "मैं ऐसा बेवकूफ नहीं हूँ, जो तुम्हें लाकर एक की बजाय दो लाल दे दूँगा। तुम्हें तो एक लेना नहीं है और मुझे दो देने नहीं हैं। जा भाग तुम्हें अब यह एक भी नहीं मिलेगा।"

66

वह पानी मुलतान गया

अकसर लोगों को कहते सुना जाता है, 'वह पानी तो मुलतान गया।' यानी मौका निकल गया, बात हाथ से जाती रही। लेकिन इस कहावत का ठीक मतलब समझने के लिए इसके पीछे की कहानी को समझना जरूरी है।

गोरखनाथ गुरु नहीं हुए थे तब की बात है। वह एक बार रैदास भगत के यहाँ सत्संग के लिए गए। उन्हें जोरों की प्यास लगी थी, पानी माँगा, लेकिन बाद को यह खयाल आ जाने पर कि रैदास तो चमार है, पानी कमंडलु में ले तो लिया, पर पीया नहीं। वहाँ से कोस-दो कोस दूर कबीरदास ठहरे हुए थे।

गोरखनाथ अपना कमंडलु लिये वहाँ पहुँचे। कबीरदास ने कमंडलु की ओर इशारा करके पूछा, "आप यह पानी लिये कहाँ फिर रहे हैं?"

गोरखनाथ ने बात सच-सच बता दी। कबीर की बेटी कमाली भी वहीं खड़ी यह सब सुन रही थी। वह रैदास भगत के अलौकिक प्रभाव के बारे में सुन चुकी थी। अपने पिता से भी उसने उनकी बहुत प्रशंसा सुनी थी। उसके मन में ज्ञान आया, उसने कमंडलु उठाया और सारा पानी पी गई। तत्काल ही उसमेंएक परिवर्तन आ गया। वह बड़े ऊँचे स्वर में बोलने लगी, उसके मुख से मानो ज्ञान की गंगा बहने लगी। उस पानी का यह प्रताप देखकर गोरखनाथ को अचंभा हुआ तुरंत वापस चलकर रैदास भगत के यहाँ पहुँचे। बोले, "थोड़ा पानी पिलाने की कृपा कीजिए।"

इस समय तक कमाली अपने पति के साथ अपने ससुराल मुलतान चली गई। रैदास ने अपनी दिव्यदृष्टि से सब देखा और कहा–

प्यासे थे जब पिया नहीं,
तब तुमने बहु अभिमान किया।
भूला जोगी फिरे दिवाना,
वह पानी मुलतान गया।

इस पर गोरखनाथ पश्चाताप करते रह गए और तब से यह कहावत प्रचलित हो गई।

67

सीख ताको दीजिए, जाको सीख सुहाय

किसी जंगल में एक पेड़ पर एक बया का घोंसला था। संध्या समय बया दंपती उसमें मौज से बैठा था। बरसात का मौसम था। बादल घिर आए, बिजली चमकने लगी, बड़ी-बड़ी बूँदे पड़नी शुरू हो गई। फिर मूसलधार पानी गिरने लगा। बया-बयी अपने घोंसले में आराम से बैठे वर्षा की बहार देख रहे थे।

इसी बीच एक बंदर पानी से बचने के लिए उस पेड़ पर आ चढ़ा। पेड़ के पत्ते वर्षा से उसकी रक्षा करने में असमर्थ थे। वह कभी नीचे जाता, कभी ऊपर आता। इतने में ओले गिरने लगे। ठंड से बंदर किंकियाने लगा। बया से रहा न गया, बोला–

'मानुस के-से हाथ-पाँव, मानुस की-सी काया।
चार महीने बरखा होवे, छप्पर क्यों नहिं छाया?'

अरे, हम तो तुमसे कितने छोटे जीव हैं, फिर भी घोंसला बनाकर आराम से रहते हैं, तुम भी हाथ-पैर हिलाते तो क्या एक छप्पर न बना पाते?

इस सीख पर बंदर बुरी तरह बिगड़ गया और लपककर बया का घोंसला उजाड़ डाला। बया और बयी डरकर दूसरे पेड़ की डाल पर जा बैठे।

तभी किसी देखने वाले ने कहा–

'सीख ताको दीजिए, जाको सीख सुहाय।
सीख न दीजे बाँदरा, बाया का घर जाय।'

68

सोना सुनार का, गहना संसार का

किसी राजा ने एक सुनार से पूछा, "तुम गहनों में कितनी खोट करते हो?"

सुनार बोला, "अन्नदाता, सच कहूँ कि झूठ?"

राजा ने कहा, "सच-सच कहो।"

सुनार बोला, "सच्ची बात तो यह है कि सोना सुनार का, गहना संसार का।' यानी सोना तो सब सुनार का ही हो जाता है, दुनिया की तो शोभा भर बनती है।"

राजा ने कहा, "तुम लोग इतनी चालाकी कैसे करते हो?"

सुनार ने उत्तर दिया, "महाराज, कुछ बनवाकर देखें तो पता चले।"

राजा ने उसे एक सोने की मूर्ति गढ़ने को दी। सुनार को महल की चहारदीवारी के अंदर बिठाया गया। वहाँ पहरा लगा दिया गया। साथ ही आते-जाते लोगों की तलाशी ली जाती थी। सुनार ने ठीक वैसी ही पीतल की एक मूर्ति बना कर अपने घर रख दी जैसी सोने की बनायी जाती थी। जब सोने की मूर्ति तैयार हो गई तो सुनार ने पहरे के सिपाही से कहा, "इसे साफ करने के लिए एक हाँड़ी खट्टा दही चाहिए।" पहले से ही योजना तैयार थी। उसी समय उधर से सुनारिन 'ले दही, ले दही' की आवाज लगाती हुई निकली। सुनार ने कहा "उस दहीवाली को बुलाना, देंखे उसका दही काम का है या नहीं?"

दही के अंदर वही पीतल की मूर्ति रखी थी। सुनार ने वह मूर्ति निकाली और सोने वाली उसमें छोड़ दी और यह कहकर

दही लौटा दिया कि 'यह नहीं चलेगा। सफाई के लिए इससे ज्यादा खट्टा होना चाहिए।'

दूसरे दिन राजा के सामने मूर्ति पेश की गई और जाँच करने पर जब वह मूर्ति पीतल की निकली तो राजा को बड़ा आश्चर्य हुआ। तब सुनार ने अपनी सब होशियारी राजा को बता दी। राजा ने उसे इस होशियारी के लिए इनाम भी दिया। साथ ही मूर्ति का सारा सोना भी उसके पास ही छोड़ दिया।

69

सौ सयानों का एक मत

एक दिन भरी सभा में किसी चर्चा के दौरान बीरबल ने बादशाह से कहा, "सौ सयानों का एक ही मत होता है।"

बादशाह बोले, "हम तो देखते हैं दो अक्लमंद भी एकमत नहीं होते, तुम सौ की बात करते हो।"

बीरबल ने कहा, "हुजूर, जहाँ मतलब होता है वहाँ सब सयाने एकमत हो जाते हैं।"

एक दिन इस बात को प्रमाणित करने की बात ठहरी। एक मुहल्ले में बीरबल ने कहला भेजा कि इस बाग में जो सूखा कुंड है, उसमें मुहल्ले में बसने वाले सौ घर के लोग रात्रि को एक-एक घड़ा दूध डालें। रात चाँदनी थी। कुंड पर दूधसी सफेद चादर पड़ी थी। दूध डालने का हुक्म पानेवाले हर एक ने सोचा कि निन्यानबे घड़े तो दूध के पड़ेंगे ही, मैं अगर एक घड़ा पानी ही डाल दूँ तो इतने दूध में उसका क्यापता चलेगा?

दूसरे दिन सवेरे बादशाह ने बीरबल के साथ वहाँ जाकर देखा कि कुंड में एक भी घड़ा दूध का नहीं पड़ा था सब पानी-ही-पानी था।

70

हवाई-महल बनाओ

अकबर बादशाह ने एक नया महल बनवाया। दरबारियों को साथ लेकर एक दिन उसे देखने गए। इमारत बहुत आलीशान बनी थी, फिर भी दरबारी तो दोष निकालने की आदत से मजबूर होते हैं। एक ने कहा, "जहाँपनाह, मकान तो निहायत आला बना है, लेकिन ऊँचाई इसकी जितनी चाहिए उतनी नहीं है, हवा की जरा कमी ही रहेगी।"

दूसरे ने तत्काल सहारा दिया, "कहीं कोई नमूना देखा-सुना है तुमने?"

वह बोला, "हुजूर के यहाँ भी देखी-सुनी ही चीज बनी तो क्या खूबी रही। नकल तो नकल ही कहलाएगी। हुजूर, चीज तो ऐसी होनी चाहिए कि जिसका कहीं तीनों लोकों में नमूना न मिल सके।"

बादशाह ही तो थे, जब गई सनक दिमाग में। बोले, "अच्छा, बनना चाहिए।" अब विचार हुआ कि हवाई-महल बने तो कैसे? उसी दरबारी से पूछा, "नक्शा और बनाने की तरकीब बताओ।"

उस दरबारी को बीरबल से सदैव ईर्ष्या होती थी। वह तुरंत बोला, "हुजूर, हमारी पहुँच जहाँ तक थी, हमने सलाह दे दी। आगे का काम हुजूर जिसको बहुत होशियार समझते हैं, उन्हें यह खिदमत सौंपी जानी चाहिए। काम तो मुश्किल जरूर है, वह इनकार कर सकते हैं; लेकिन हुजूर इसरार करेंगे कि महल बनवाओ या दुनिया से बोरिया-बिस्तर उठाओ, तो जरूर वह कोई तरकीब सोच निकालेंगे।"

बादशाह ने कहा, "ठीक है, यह काम मैं बीरबल को सौंप दूँगा।"

दरबारियों ने आपस में बात की और खुश हो गए कि अबकी बार बीरबल साहब को भी आटे-दाल का भाव मालूम हो जाएगा। हमेशा हम लोगों को बेवकूफ बनाते और खुद बच निकलते रहे हैं।

अब बादशाह को चैन कहाँ! उसी दिन बीरबल को बुलाकर बोले, "हमारे लिए जल्दी ही एक हवाई-महल बनना चाहिए।"

बीरबल हवाई-महल के बारे में सब बातें पहले ही सुन चुके थे। बोले, "हुजूर, काम तो कुछ ऐसा भारी नहीं है, लेकिन इसके लिए पहले कारीगर तैयार करने होंगे। जमीन पर महल बनाने वाले तो चाहे जितने कारीगर मिल सकते हैं, पर हवाई-महल के लिए तो सब कारीगर नए ही तैयार करने पड़ेंगे। इसलिए बहुत जल्दबाजी न करें। फिर यह काम बड़े खर्च का भी है।"

बादशाह ने कहा, "खर्च की चिंता मत करो, हवाई-महल बनना चाहिए और जल्दी बनना चाहिए। तुम काम की शुरूआत करो।"

बीरबल ने कहा, "हुजूर, अपनी ओर से तो मैं जल्दी ही करूँगा, लेकिन कारीगरों को तैयार करने के लिए मुझे कुछ दिनों की छुट्टी मिलनी चाहिए।"

हवाई-महल के नाम पर बीरबल को इच्छित धन मिला और छह महीने की लंबी छुट्टी भी। वह परिवार सहित तीर्थयात्रा को निकल गए; सब धन तीर्थों में दीन-दु:खियों को बाँट आए। इतने दिन कोई फिक्र नहीं थी कि क्या करना है? एक दिन बैठकर सोचने लगे तो तरकीब ध्यान में आ गई। कारीगर तैयार करने में लगे। छह महीने पूरे होने को आए तो एक दिन बादशाह से

मिलने गए। बादशाह के सिर से हवाई-महल का भूत तब तक उतरा न था। पूछा, "बोलो, काम कितना आगे बढ़ा?"

बीरबल बोले, "हुजूर, कल चलिए आप काम देखने।"

बादशाह बहुत खुश हुए। दूसरे दिन बादशाह अपने सब दरबारियों को साथ लिये बीरबल के बताए गए एक मैदान पर पहुँचे, जहाँ ऊपर से सैकड़ों तोते आवाज लगा रहे थे, "ईंट लाओ, गारा लाओ, सुर्खी लाओ, चूना लाओ, जल्दी लाओ।"

बादशाह ने पूछा, "ये सब क्या चिल्ला रहे हैं?"

"आप सुन तो रह हैं हुजूर, महल बनाने को मसाला माँग रहे हैं। कारीगर तो मैंने तैयार कर दिए, बस मसाला और मजदूर का कसाला और है, सो उसकी फिक्र में हूँ कि कैसे क्या किया जाए? उसका कोई उपाय सूझा कि आपका हवाई-महल तैयार हुआ। पहले के रुपए तो सब खर्च हो चुके हैं, उतने का ही नया बजट और पास फरमाया जाए।"

यह सुनकर बादशाह मुसकराकर चुप रहे और बीरबल की चतुराई समझ गए।

71

हथियार वह जो समय पर काम आए

एक बार अकबर बादशाह ने बीरबल से पूछा, "सबसे अच्छा हथियार कौन सा है?"

जवाब मिला, "जो समय पर काम आए।"

बीरबल ने बादशाह का चेहरा देखकर समझ लिया कि इस उत्तर से उन्हें संतोष नहीं हुआ। संयोगवश बादशाह एक दिन

किसी बात पर बीरबल से बुरी तरह नाराज हो गए। आदेश दिया कि बीरबल को पागल हाथी के पैरों तले कुचलवा दिया जाए। कहाँ तो बीरबल अपनी बातों से बादशाह से इनाम में हाथी पाते थे और कहाँ आज कोई बात बिगड़ जाने से हाथी के पाँव के नीचे कुचले जाने की नौबत आ गई। कहा भी है– 'बातन हाथी पाइए, बातन हाथी पाँव।' बीरबल के हाथ में उस समय कोई अस्त्र-शस्त्र न था। हाथी को महावत ने ज्यों ही बीरबल की ओर बढ़ाया, बीरबल ने वहीं सामने पड़े कुत्ते के एक पिल्ले को टाँग पकड़कर उठाया और जोर से हाथी के मुँह पर दे मारा। हाथी उसकी मार और पिल्ले की कें-कें की आवाज से ऐसा घबराया कि बीरबल की ओर बढ़ने की बजाय दूसरी ओर मैदान में भागता चला गया। बादशाह यह सब देख रहे थे। बीरबल ने कहा, "हुजूर उस दिन जो मैंने कहा था कि हथियार वह जो समय पर काम आए, उसका सबूत आज आपके सामने है। इस विशाल पागल हाथी से मुकाबला करने को मेरे पास कोई हथियार न था, यहाँ सिर्फ मेरा धीरज ही काम आया।" वास्तव में आदमी धीरज के बल पर ही जीतता है।

72

हँसती है क्या, रोएगी, जब पलड़ा घाल पंजोएगा

एक नई-नई कत्तिन (सूत कातनेवाली) किसी धुनिए के घर एक पाव रुई धुनवाने ले गई। अन्य कई औरतें भी वहाँ रुई धुनवाने आई थीं। वह उनके साथ बातों में मगन हो गई। धुन जाने पर इस औरत को अपनी रुई अधिक लगने लगी। सोचा, जरूर किसी औरत की रुई मेरी रुई में मिल गई है। इस बात से वह बहुत

खुश थी। पर धुनिए ने तो उसकी एक पाव रुई में से आधी छटाँक रुई निकाल ली थी। उस औरत को हँसते देखकर वहाँ खड़ी महिला बोली, "हँसती है क्या, रोएगी, जब पलड़ा घाल पंजोएगी।" मतलब कि अरे, हँसती क्या है? तू जब रुई को पलड़े पर धरकर तौलेगी, तो रोएगी, क्योंकिउस वक्त तुझे सही तौल का पता लगेगा।

73

हिंसके बनलीं पतिबरता, मूसल खैलन भरतार

एक गाँव में कोई स्त्री बड़ी पतिव्रता थी। एक दिन वह ओखली में धान कूट रही थी। उसी समय उसके पति ने पानी के लिए पुकारा। मूसल उसके हाथ में ऊपर उठा हुआ था। मूसल को उसने ऊपर-का-ऊपर छोड़ा और दौड़कर पति को पानी देने गई। किसी स्त्री ने देखा कि मूसल हवा में निराधार खड़ा था। कारण पूछने पर स्त्री बोली, "इसका कारण मेरा पति व्रत धर्म है।"

एक दूसरी औरत जो यह सब सुन रही थी, बोली, "यह तो मैं भी कर सकती हूँ।"

तय हुआ कि कल इसी समय वह भी धान कूटेगी, पति उसको पानी के लिए बुलाएगा और वह मूसल को ऊपर-का-ऊपर छोड़कर जाएगी। संयोगवश उसका पति उसे पुकारना भूल गया और वह इंतजार करते-करते घंटों धान कूटती रही, जिससे उसके हाथों में छाले पड़ गए। इसपर उसे बड़ा गुस्सा आया और वही मूसल ले जाकर उसने पति के सिर पर दे मारा। इसी पर किसी ने कहा–

हिंसके (ईर्ष्या करके) बनलीं (बनी) पतिबरता,
मूसर (मूसल) खैलन (खाया) भरतार।

74

पतुरिया रुठी, धरम बचा

यह एक सारगर्भित कहावत है, जो शहर और गाँव में समान रूप से कही जाती है। कुछ लोग इसे इस रूप में कहते हैं–वेश्या रूठी, धर्म बचा।

प्राय: नारी का सहवास-सुख प्राप्त करने के लिए बहुत से पुरुष आतुर रहते हैं। धर्मानुसार विवाहित पुरुष के लिए परनारी

सहवास वर्जित है। परंतु कभी-कभी धर्मपत्नी के होते हुए भी पुरुष पतुरिया या वेश्या के सौंदर्य के आकर्षण में भटक जाता है। ऐसी स्थिति में पुरुष को अपने हाव-भाव से लुभानेवाली वेश्या ही यदि रूठ जाए तो पुरुष धर्मभ्रष्ट होने से बच जाता है।

दूसरे अर्थ में धर्म को बिगाड़ने की दोषी तो वह है ही, किंतु मांसल सौंदर्य से लुभाने वाली वेश्या भी है, जो उसे अधर्म करने के लिए प्रेरित करती है। जब वेश्या ही रूठ जाती है, तो पुरुष का धर्म स्वत: ही बच जाता है।

अत: ऐसी किसी स्थिति में जब व्यक्ति अपने प्रयत्नों से नहीं, बल्कि अचानक स्थिति के बदलने के कारण किसी बुराई से बच जाता है, तो उक्त कहावत चरितार्थ होती है।

75

विप्र टहलुआ, चीक धन और बेटिनु की बाढ़।
एहू ते धन ना घटै, तौ करौ बड़न से रार।।

उत्तरी भारत के गाँवों में यह कहावत खूब प्रचलित है। यह परंपरा की बोधक है और गाँव के निवासियों तथा उनकी पारिवारिक आर्थिक स्थिति की वास्तविकता को बतलाती है।

'विप्र टहलुआ' यानी ब्राह्मण को घर में नौकर रखना उचित नहीं, क्योंकि उसे सम्मान भी देना होगा और दान भी देना होगा। यदि ऐसे सेवक को कोई कष्ट हुआ, तो श्राप (बद्दुआ) देगा, जिससे धन का नाश होगा।

'चीक धन' अर्थात् भेड़बकरी बेचकर की गई कमाई कभी फलदायी नहीं होती, क्योंकि भेड़-बकरी को काटने के लिए कसाइयों के हाथ बेचा जाएगा, तो हत्या का पाप लगेगा।

भारत में सामाजिक परंपरा के अनुसार बेटी के विवाह में उसके तिलक-दहेज में परिवार को काफी खर्च करना पड़ता है। यदि किसी परिवार में अधिक लड़कियाँ पैदा हो गई, तो उनके विवाह में खर्च करते-करते परिवार में गरीबी आ जाएगी।

इतना होने पर भी यदि धन न घटे तो 'करो बड़न से रार' अर्थात् अपने से बड़े (अधिक समृद्ध) से लड़ो, मुकदमेबाजी करो, तो धन निश्चित रूप में घट जाएगा।

तात्पर्य यह है कि यदि धन चाहते हैं, तो ऊपर बताए गए कार्यों–नौकर रखने, व्यवसाय करने, परिवार बढ़ाने तथा झगड़ा करने से पहले खूब विचार कर लेना चाहिए अन्यथा धन का नाश हो जाएगा। पूरा दोहा इस प्रकार है–

'विप्र टहलुआ, चीक धन और बेटिनु की बाढ़।
एहू ते धन ना घटै तौ करौ बड़न से रार।।'

उपदेश के रूप में व्यवहार की सार्थकता बताने वाली इस प्रकार की एक अन्य कहावत अवधी में भी प्रचलित है–

'पाही खेती, अजा धन, आउ बेटियन कै बढ़वारि।
एतनहु से धन ना घटै तो करो बड़ेन से रारि।।'

यहाँ प्रथम अंश 'पाही खेती' का मतलब फसलों में पाही नामक रोग लगने से है, जिसके कारण किसान को भारी नुकसान उठाना पड़ता है। शेष का अर्थ पहली कहावत के अनुरूप ही है।

76

फटकचंद गिरधारी, न लोटा न थारी।

राजस्थान में गुजरात की सीमा से लगे एक गाँव में लाला गिरधारीमल की दुकान थी। वह पैसेका लेन-देन भी करते थे और परचून की दुकान भी चलाया करते थे। उनके दो लड़के थे। बड़ा लड़का दुकान पर बैठता था और छोटा लड़का फतहचंद गिरधारी बस्ती में लोगों से कर्ज उगाही के लिए घूमता रहता था।

एक साल वहाँ सूखा पड़ा और अकाल की स्थिति पैदा हो गई। लोग काम की तलाश में गाँव छोड़कर दूर शहरों की ओर जाने लगे। कारोबार मंदा होने से गिरधारीमल भी अहमदाबाद की ओर चले गए, लेकिन उनका लड़का फतहचंद गिरधारी गाँव में ही जमा रहा। वह दिन भर इधर-उधर घूमता रहता और शाम को किसी के यहाँ खा-पी लेता।

कुछ महीनों के बाद बेरोजगार तथा बिना किसी प्रयोजन के घूमते-फिरते इस लड़के से गाँववाले भी ऊब गए। गाँववालों ने भटकते-फिरते फतहचंद को फटकचंद कहना आरंभ कर दिया। उसका कोई परिवार या किसी प्रकार की गृहस्थी भी नहीं थी, बस यों ही अलमस्त घूमता रहता था। फलस्वरूप गाँववाले उसे देखते ही बोल पड़ते–

'फटकचंद गिरधारी, न लोटा ना थारी'

अरजकज यह कहावत ऐसे लापरवाह व्यक्ति के लिए कही जाती है, जिसकी कोई गृहस्थी न हो और भटकता हुआ वह पराश्रयी होकर अपना जीवन व्यतीत करता हो। प्रायः लापरवाह गृहस्थ पर भी व्यंग्य करने के लिए कहावत कही जाती है।

'लोटा और थारी' भारतीय समाज में परिवार या गृहस्थी का प्रतीक है। जिसके पास यह नहीं हैं, वह गृहस्थ नहीं माना जाता है।

77

'दुविधा में दोनों गए, माया मिली न राम'

यह कहावत व्यक्ति की अनिश्चय की स्थिति की ओर संकेत करती है। जिस वस्तु को पाने की कामना रहती है वह नहीं मिली और जो पास में थी, वह भी चली जाए, तब यह कहावत सार्थक हो जाती है।

वर्तमान परिस्थितियों में इनसान संसार में चमक-दमक और वैभव-वासनाओं की ओर आकर्षित होता है और भक्तिभावना से विमुख हो जाता है। जब सांसारिकता में लिप्त रहकर भी कोई विशेष उपलब्धि नहीं होती है तो व्यक्ति इस माया-जाल से निकलकर ज्ञान और योग द्वारा राम अर्थात् परमात्मा को पाने की ओर अग्रसर होना चाहता है; किंतु दुविधा की स्थिति में रहने के कारण उसे परमात्मा में पूरा ध्यान लगाने में सफलता नहीं मिलती है।

परिणाम यह होता है कि भगवान् तो मितता ही नहीं और इधर सांसारिकता में रहकर वह यहाँ के सुख-वैभव का समुचित उपभोग भी नहीं कर पाता है। अतएव यह कहावत सच हो जाती है–

'दुविधा में दोनों गए, माया मिली न राम।'

उर्दू में भी इसी प्रकार की दूसरी कहावत प्रचलित है–

'न खुदा ही मिला, न विसाले सनम।'

78

बँधी मुट्ठी लाख की

भारतीय समाज में प्रचलित यह कहावत बहुत ही अर्थपूर्ण है। जब तक मुट्ठी बंद रहती है, किसी को पता नहीं कि उसमें क्या है? उसमें एक कौड़ी भी हो सकती है या सोनेकी मोहर भी। लेकिन मुट्ठी के खुल जाने पर रहस्य समाप्त हो जाता है और सबकुछ पता चल जाता है। अत: इस कहावत का उपयोग सामाजिक मर्यादा के निर्वाह के लिए कुछ बातें गोपन रखने में किया जाता है। पूरी कहावत इस प्रकार है–

'बँधी मुट्ठी लाख की, खुली मुट्ठी खाक की।'

79

बंदर क्या जाने आदी का स्वाद

अदरक बहुत ही गुणकारी है जिसका सब्जी में या दवाई में उपयोग किया जाता है। लेकिन कई प्रकार के गुणों वाले आदी का स्वाद कड़वा होता है, इस कारण से बंदरों को दिए जाने पर भी वे इसे नहीं खाते हैं।

जब कोई व्यक्ति किसी अच्छी चीज के असली स्वाद को नहीं जानता अथवा उसकी वास्तविक उपयोगिता को नहीं समझता, तो उसकी हीनता बताने के लिए इस कहावत का उपयोग होता है।

किसी व्यक्ति की समझ की हँसी उड़ाने के लिए भी प्राय: लोग इस कहावत का उपयोग करते हैं। इस कहावत में बहुत ही

निर्मम व्यंग्य है, जिसकी चोट पड़ने से व्यक्ति आहत हो जाता है।

80

इहाँ कुम्हड़ भतिया कोउ नहीं

गोस्वामी तुलसीदास कृत 'रामचरितमानस' में धनुष-भंग के प्रसंग में ये वचन लक्ष्मणजी के हैं। महामुनि और क्रोधी परशुराम के

फरसे से भयभीत न होकर लक्ष्मण का उत्तर है–यहाँ कोई कुम्हड़ा (काशीफल) की भतिया (कुछ ही दिनों का लगा छोटा फूल), नहीं जो कि अँगुली दिखाने से मुरझा जाए। ऐसी लोकमान्यता है कि काशीफल का फूल तथा भतिया बहुत नाज़ुक होता है और अँगुली के संकेत मात्र से मुरझाने लगता है।

इस लोकमान्यता का ही यहाँ उपयोग किया गया है कि जब कोई किसी को नाजुक या कमजोर समझे, तो वह व्यक्ति अपनी निडरता और साहस का परिचयइस कहावत से देता है।

81

सूप बोले सो बोले, चलनी का बोले, जिसमें बहत्तर छेद

शहर और गाँव दोनों जगह प्रचलित यह कहावत बहुत दिलचस्प है। यहाँ सूप निर्दोष तथा मर्यादा का प्रतीक है, जबकि छलनी या चलनी छिद्रसे भरी हीनता तथा दोषयुक्त चरित्र की प्रतीक है। जो व्यक्ति स्वयं निर्दोष है और प्रतिष्ठित है, वह दूसरों के दोष या गलतियों की निंदा कर सकता है; लेकिन जिसने कई अपराध कर रखे हों और मर्यादाहीन है, समाज उसे दूसरों में दोष निकालने का अधिकार नहीं देता।

अत: जब दोषी व्यक्ति किसी अन्य की भूलों का बखान करता है तब लोग उसे टोककर यह कहावत कहते हैं–'सूप बोले सो बोले, चलनी का बोले जिसमें बहत्तर छेद।' मतलब यह कि चलनी में छेद के रूप में अनेक दोष अथवा अवगुण हैं जबकि सूप में एक भी छेद नहीं होता, अत: चलनी की तुलना में सूप निर्दोष तथा गुणवान् है।

82

अजगर करै न चाकरी, पंछी करे न काम।
दास मलूका कहि गए, सबके दाता राम।।

भारत के संपूर्ण हिंदी भाषी क्षेत्रों में यह कहावत बहुत प्रचलित और प्रसिद्ध है। यह दोहा प्रसिद्ध निर्गुण संत मलूकदास का है। कहावत के रूप में इस दोहे का उपयोग किसी आलसी पर व्यंग्य के रूप में किया जाता है। भारत में संयुक्त परिवार की परंपरा में ऐसे लोग भी होते हैं, जो स्वयं परिश्रम नहीं करते और दूसरों के सहारे जीवन-यापन करते हैं।

इस कहावत का उपयोग कभी-कभी राम अर्थात् भगवान् पर अत्यधिक निर्भरता की स्थिति में भी किया जाता है। आखिर, पशु-पक्षी भी राम के भरोसे ही जीवित रहते हैं और कहीं-न-कहीं से दाना-पानी पा ही जाते हैं। कुछ भाग्यवादी प्रवृत्ति के आलसी लोग भी अपने लिए इस दोहे का उपयोग करते हैं और हँसी का पात्र बनते हैं।

83

अब पछताए होत क्या,
जब चिडियाँ चुग गई खेत।

किसी काम के बिगड़ जाने के बाद पछताने से कोई लाभ नहीं होता–यही सीख इस कहावत के द्वारा दी गई है। कृषि-प्रधान देश भारत में परिवार के लिए खेती में फसल ही अधिक महत्वपूर्ण है।

इस कहावत में समय पर काम किए जाने के लिए अच्छी सीख दी गई है। अगर किसान ठीक ढंग से खेत की रखवाली करता तो चिडियाँ खेत नहीं चुग पातीं और उसे नुकसान नहीं होता। यदि महत्वपूर्ण कार्य या बात के प्रति लापरवाही बरती जाए तो बाद में पछताना पड़ता है और ऐसे पछतावे से फिर कोई लाभ नहीं होता है।

84

न रहेगा बाँस, न बजेगी बाँसुरी

उत्तरी भारत के गाँव और शहरों में प्रचलित यह कहावत स्वयं स्पष्ट है। किसी समस्या को उत्पन्न करने वाले को ही समाप्त कर देने पर वह समस्या ही पैदा नहीं हो पाएगी। बाँसुरी बाँस से बनती है, यदि बाँस को ही समाप्त कर दिया जाए तो बाँसुरी नहीं बन पाएगी। जब बाँसुरी ही नहीं होगी तब बजने या बजाए जाने का सवाल ही पैदा नहीं होगा।

इस कहावत में बाँसुरी किसी अप्रिय घटना के प्रतीक के रूप में प्रस्तुत की गई है। जब अप्रिय घटना से बचना है तो उसे उत्पन्न करने वाले कारणों को ही समाप्त करना होगा। यही संदेश इस कहावत के द्वारा दिया गया है। संभवत: कोई व्यक्ति बाँसुरी की ऊँची टेर से चिढ़ गया होगा और मना करने पर भी जब बाँसुरी-वादक बजाता ही रहा, तो उसने बाँस को ही समाप्त करने का संकल्प लिया, जिससे कि बाँसुरी बनाई जाती है।

कुछ लोग इस कहावत का संबंध श्रीकृष्ण की बाँसुरी से जोड़ते हैं। वंशी की धुन सुनते ही गोपियाँ घरों से भागकर कृष्णजी के पास पहुँच जाती थीं। इसी बात से परेशान होकर वहाँ के लोग बाँस को ही नष्ट करने की बात करने लगे थे।

उल्लेखनीय है कि मथुरा-वृंदावन क्षेत्र में जगह-जगह पर बाँसों के अनेक झुरमुट मिलते हैं जिनसे आज भी सुरीली तान देने वाली बाँसुरी बनाई जाती है।

85

भई गति साँप छछूँदर केरी

अत्यंत दुविधापूर्ण स्थिति को अभिव्यक्त करने के लिए इस कहावत का उपयोग होता है। साँप कीड़े-मकोड़ों के साथ-साथ चूहे भी खा जाता है। छछूँदर और चूहे में काफी समानता होती है। देखने में भी दोनों समान प्रतीत होते हैं। साँप चूहा समझकर छछूँदर को मुँह में रख लेता है, किंतु उसकी तेज दुर्गंध के कारण निगल नहीं पाता; लेकिन भूख की बेबसी में उसे उगलना भी नहीं चाहता है, ऐसी स्थिति में वह किंकर्तव्यविमूढ़हो जाता है।

लोक-व्यवहार में किसी भी व्यक्ति की ऐसी दुविधापूर्ण स्थिति को बताने के लिए इस कहावत का उपयोग करते हैं।

86

उत्तम खेती मध्यम बान निखिद चाकरी भीख निदान

कृषि प्रधान देश भारत में सर्वश्रेष्ठ काम खेतीबाड़ी को माना गया है, क्योंकि आज भी भारत के गाँवों में अधिक संख्या में किसान परिवार खेती का काम करके जीवन-यापन करते हैं। दूसरी कोटि का काम है—वाणिज्य, जिसमें व्यापार करके धनार्जन द्वारा अपना तथा परिवार का पालन किया जाता है। नौकरी करना

भारतीय कृषि समाज में घटिया किस्म का कार्य माना जाता है, क्योंकि इसमें हर स्थिति में मालिक की आज्ञा पालन की वजह से आत्मसम्मान की भावना समाप्त हो जाती है, परन्तु इस कहावत के अनुसार सबसे नीचा काम भीख माँगना बताया गया है, फिर भी यह आश्चर्य की बात है कि भारत में बहुत बड़ी संख्या में भिखारी मौजूद हैं।

ऐसा अनुमान है कि यह मध्यकालीन कहावत तब आरंभ हुई होगी, जबकि गाँव के लोग खेती-बाड़ी छोड़कर शहरों की ओर जाने लगे होंगे। ऐसी स्थिति में समाज की आर्थिक व्यवस्था को बनाए रखने के लिए यह कहावत कही जाती होगी। अब इसका उपयोग कृषि कार्य की श्रेष्ठता तथा नौकरी को घटिया बताने के लिए किया जाता है।

87

आम के आम गुठलियों के दाम

किसी मामले में जहाँ दोहरा लाभ मिले, यह कहावत चरितार्थ होती है। आम का वृक्ष लगाया, जिसमें आम फला, पकने पर आम खाया। इसके बाद शेष बची गुठलियाँ भी बिक गई, इस प्रकार दोहरा फायदा हो गया।

आमों के देश भारत में आम से संबंधित अनेक कहावतें प्रचलित हैं। जैसे– 'आवे आम या जाए लबेदा', 'चार माह आम खाव, चार माह गुठली चबाव, शेष चार ससुरारि में कटाव' आदि। अब तो व्यावसायिक रूप में भी गुठलियों के दाम बढ़ गए हैं, इन्हें पीस करके पाउडर बनाकर विभिन्न खाद्य पदार्थों में उपयोग करने के लिए कारखानों में तैयार किया जाता है। दूसरी ओर, ऐसे इलाकों में, जहाँ सूखा पड़ा हो और भुखमरी की स्थिति

हो, निर्धन लोग सूखी गुठलियों को चुनकर लाते हैं फिर इसे उबालकर खाते हैं, जिससे उनकी प्राण-रक्षा होती है।

लोक-व्यवहार में जहाँ ऐसी स्थिति रही हो कि दोहरा लाभ उठाया गया हो, इस कहावत का उपयोग किया जाता है।

88

साँप मरे पर लाठी न टूटे

सामाजिक कार्यों को चतुराई से पूरा करने के लिए यह कहावत कही जाती है। गाँवों में रात्रि के समय साँप के निकलने पर लोग उसे मार डालने के लिए लाठी लेकर दौड़ पड़ते हैं। जहरीले साँप के डर से उसे हाथ से पकड़ने या दबाने के लिए कोई तैयार नहीं होता है; लेकिन लाठी-डंडे को बार-बार पटककर साँप को भगाने या मारने की पूरी कोशिश की जाती है। ऐसे में प्राय: लाठी टूट जाती है और साँप भी खिसककर इधर-उधर भाग जाता है। फलस्वरूप पूरी कोशिश के बावजूद असफलता ही हाथ लगती है लेकिन चतुर व्यक्ति साँप को भी मार डालता है और लाठी भी नहीं टूटती है–यह उसकी कार्य-कुशलता का प्रमाण है।

89

पानी में रहकर मगर से वैर

मगरमच्छ नाम का जीव पानी में रहने पर शेर के समान शक्तिशाली होती है। तालाब, नदी या किसी जलाशय में यदि मगर है तो उससे कोई मुकाबला नहीं कर सकता। अत: जिसे पानी में रहना है उसे मगर का कृपापात्र बनकर रहना पड़ेगा,

यदि पानीमें रहने वाले जीवन की मगर से शत्रुता हो गई तो वह उसका जीना मुश्किल कर देगा।

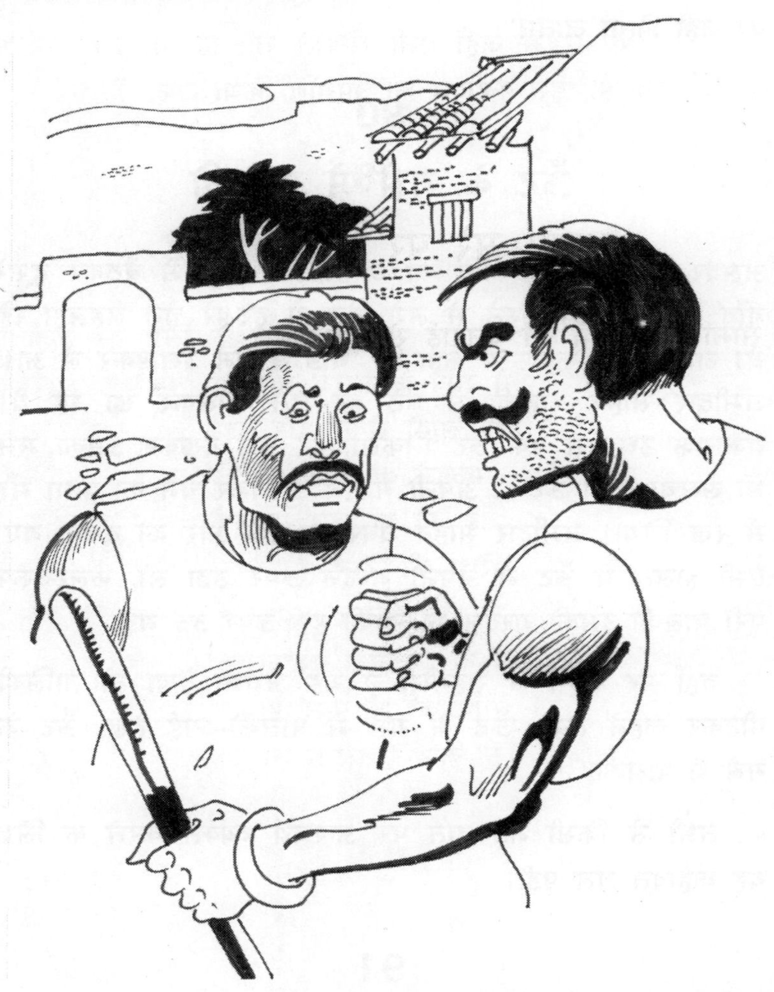

अत: लोक-व्यवहार में भी कुछ दबंग व्यक्ति मगरमच्छ की तरह बलशाली और भयावह होते हैं, जिनसे दोस्ती बनाए रखने में ही व्यक्ति की भलाई होती है; दुश्मनी करने से नुकसान की संभावना रहती है। प्राय: अहंकारी व्यक्ति किसी को धमकी देने

के लिए भी इस कहावत का प्रयोग करते हुए कहते हैं–'ठीक से रहना है तो मेरे अनुसार चलो, क्योंकि जल में रहकर मगर से वैर नहीं किया जाता।'

90

ऊँट के गले में पालकी

अलवर के पास एक गाँव का जमींदार पालकी में बैठकर दूसरे गाँव जा रहा था। रास्ते से लगे खेत में हरे-हरे चने लहलहा रहे थे। जमींदार ने कहार से कहा कि 'थोड़े से चने उखाड़कर ले आ।' जमींदार साहब पालकी में बैठे हरे चने छीलकर खा रहे थे। यकायक उधर से एक ऊँट निकला, हरे चने देखकर उसका मन भी ललचा उठा। ऊँट ने अपनी गरदन झुकाकर चने का पौधा मुँह में रख लिया। जमींदार साहब घबराकर एक ओर को दुबक गए। ऐसी हालत में ऊँट ने अपनी गरदन ऊपर उठा ली, फलस्वरूप पूरी पालकी उसकी गरदन में लटकी हुई ऊपर उठ गई।

वहाँ पर रास्ते में राहगीरों ने यह अचंभा देखा तो तालियाँ पीटकर कहने लगे, 'ऊँट के गले में पालकी–भाई देख, ऊँट के गले में पालकी!'

तभी से किसी नई बात पर आश्चर्य व्यक्त करने के लिए यह कहावत चल पड़ी।

91

इतनी रुई कौन कातेगा ?

मध्य भारत के मालवा इलाके के गाँव में एक स्वावलंबी किसान परिवार रहता था। उस समय घर की बड़ी-बूढ़ी रुई से धागा

कातने और परिवार के लिए कपड़े तैयार करने का काम लिया करती थीं। आधा मन कपास से मिलने वाली रुई से सालभर के लिए कपड़े तैयार हो जाते थे।

एक दिन की बात है, उस परिवार की बुढिया ने घर के सामने से रुई से लदी दस बैलगाडियों को जाते हुए देखा। उसे बड़ा आश्चर्य हुआ और गंभीर होकर सोचने लगी कि इतनी रुई कौन धुनेगा और कौन सूत कातेगा? उसके मन में यह बात बैठ गई और वह प्रत्येक व्यक्ति से पूछने लगी कि इतनी रुई कौन कातेगा?

चिंताग्रस्त होकर उसने खाना-पीना छोड़ दिया। आखिरकार परिवार के लोग गाँव के पंडित-वैद्‍य के पास उसे इलाज के लिए ले गए। पंडितजी समझ गए कि बुढिया के दिमाग में व्यर्थ का डर बैठ गया है, कोई बीमारी नहीं है। उसने कह दिया कि अगले सप्ताह तक बीमारी का इलाज हो जाएगा।

दो दिनों के बाद पंडितजी घूमते-फिरते बुढिया के घर पर पहुँच गए। कुछ इधर-उधर की बातें करने के बाद बोले, "बुढिया माई, तुमने कुछ सुना है?" बुढिया ने पूछा, "क्या बात हो गई?" पंडितजी ने गंभीर होकर बताया, "यही आग लगने की बात। उस दूरवाले गाँव में रुई से भरी दस बैलगाडियाँ जलकर राख हो गई।"

यह सुनकर बुढिया ने संतोष की साँस ली और बोली, "खैर, अब जान छूटी, इतनी रुई कोई कब तक कातता रहता?"

92

जो हरामी सहरी खाय, वह रोजा भी रखे

किसी गाँव में एक मौलवी साहब रहते थे। वे रमजान के महीने में रोजा रखते थे। एक दिन सुबह उनके लिए रखी गई सहरी (उपवास पूर्व नाश्ता) को कुत्ता खा गया। मौलवी साहब को बड़ा गुस्सा आया। उसने कुत्ते के गले में पट्टा लगाकर घर के सामने एक पेड़ से बाँध दिया। कुत्ता दिन भर का भूखा था, वह भूँकता और चिल्लाता रहा। तभी मौलवी की बीवी बोली, "मियाँजी, अब खोल दो बेचारे को, नहीं तो भूख से मर जाएगा।"

मौलवी साहब झल्लाकर बोले, 'जो हरामी सहरी खाय, वह रोजा भी रखे।'

इस प्रकार लोक-मानस में यह कहावत के रूप में प्रचलित हो गई।

93

घर का भेदी लंका ढावे

यह रामायाण–काल की बात है। रावण के द्‌वारा सीता का हरण किया गया। उन्हें लंका ले जाकर अशोक वाटिका में रख छोड़ा था। यह महापराक्रमी और बलशाली रावण के द्‌वारा श्रीराम को खुली चुनौती थी। शिव शंकर के परमभक्त तथा वरदान-प्राप्त रावण को युद्ध में पराजित करना बहुत कठिन काम था।

ऐसी विकट परिस्थिति में कूटनीति से कार्य सफल करने की योजना बनाई गई। लंकेश के ही भाई विभीषण को तरह-तरह के प्रलोभन देकर पटाया गया। वह लंका छोड़कर श्रीराम से आ

मिला। उसके द्वारा रावण के सभी भेद मालूम हो गए। फलस्वरूप राम-रावण युद्ध हुआ और लंकापति रावण को बुरी तरह पराजित होना पड़ा। इस प्रकार लंका युद्ध विजय के पीछे विभीषण की भूमिका प्रमुख थी।

तभी से यह कहावतप्रचलितहै कि 'घर का भेदी लंका ढावे।'

94

तुम नहीं तो तुम्हारे बाप ने किया

जंगल में एक पहाड़ी ढाल पर जलधारा बह रही थी। वहाँ पशु-पक्षी पानी पीकर अपनी प्यास बुझाया करते थे। एक बार एक मेमना उस पहाड़ी झरने से पानी पी रहा था। झरने के ऊपर वाले हिस्से में एक बाघ खड़ा था। उसने मेमने को देखकर कहा, क्यों रे मेरा पानी जूठा क्यों कर रहा है मेमना बोला "भला मैं आपका पानी कैसे जूठा कर सकता हूँ। मैं तो आपसे बहुत नीचे पानी पी रहा हूँ।"

यह सुनकर बाघ बोला, "तुमने नहीं, तो तुम्हारे बाप ने ही पानी जूठा किया होगा, इसलिए तुम्हें ही इसकी सजा भुगतनी होगी।"

यह कहता हुआ बाघ झपटा और मेमने को दबोच लिया।

इसी घटना के आधार पर सबल लोगों द्वारा अपनी बात मनवाने पर यह कहावत चल पड़ी कि 'तुमने नहीं तो तुम्हारे बाप ने किया होगा।'

95
इक्के-दुक्के का अल्ला बेली

राजधानी नई दिल्ली से करीब बीस किलोमीटर दूर एक शहर है फरीदाबाद, जिसके पास एक गहरा नाला था। पुराने समय में वहाँ घना जंगल था, जहाँ रास्ते पर बैठकर फरीदन नाम की बुढिया भीख माँगा करती थी। उसके दो बेटे थे, जो धीरे-धीरे

बढ़कर जवान हो गए। अब भीख से घर का खर्चा नहीं चल पाता था। उसके बेटों को कोई काम भी नहीं मिल रहा था। तब सोच-विचार कर एक तरीका निकाला। जब रास्ते से कोई अकेला मुसाफिर गुजरता तो बुढिया भीख माँगने के अंदाज में आवाज लगाती–"इक्के-दुक्के अल्ला बेली"–(अर्थात् अकेले-दुकेले की रक्षा अल्ला करता है।) वहाँ पास ही नाले में छिपे उसके बेटे मुसाफिर को अकेले देखकर लूट लेते थे। लेकिन जब कई मुसाफिर होते थे तो फरीदन आवाज लगाती–'जमात में करामात'। यह सुनकर नाले में छिपे उसके बेटे समझ जाते कि मुसाफिर अकेला नहीं है, बल्कि पूरी जमात है। ऐसी स्थिति में वे नाले में ही चुपचाप दुबके रहते थे।

लेकिन लूटपाट का यह धंधा कब तक चलता? आखिर एक दिन उसके लुटेरे बेटे पकड़े गए और दिल्ली के सुल्तान ने उन्हें कैदखाने में डाल दिया। बुढिया फरीदन को अपने किए पर बड़ा पछतावा था। प्रायश्चित-स्वरूप उसने अपने पास बचे धन से उस नाले पर मुसाफिरों की सुविधा के लिए पुल बनवा दिया जिसे 'फरीदन का पुल' कहा जाने लगा। बाद में वहाँ पर गाँव और शहर विकसित हो गया, जिसका नाम है फरीदाबाद।

96

आँखों के आगे नाक, सूझे क्या खाक

मध्य युग की बात है। पूर्वी भारत के मगध राज्य में गंगा किनारे छोटा सा गाँव था–राजीपुर। किसान और मजदूरों के इस गाँव में एक नकटा (जिसकी नाक कटी हो) भी रहता था। वह दुकानदारी करके अपना जीवन-यापन करता था; लेकिन गाँव के लोग उसे–'नकटा दिखे बुरे हवाल' कहकर चिढ़ाया करते थे। इन

बातों से परेशान होकर नकटे ने यह तय किया कि गाँव के कुछ लोगों को अपने जैसा बना देगा, तब उसे लोग नहीं चिढ़ाएँगे।

नकटे दुकानदार की दुकानदारी अच्छी चल रही थी। जब पास-पड़ोस के लोगों ने उसकी आमदनी के बारे में पूछा तो नकटे ने कहा–मुझे अमावस्या की रात में गंगा के किनारे परियाँ दिखाई देती हैं। उन्हीं की कृपा से मेरे घर में आमदनी होने लगी है। यह सुनकर गाँव के कई लोग उसके पीछे पड़ गए कि हमें भी परियाँ दिखाओ। नकटा बोला–अमावस्या की रात को आजाओ तो दिखला दूँगा, लेकिन एक रात में सिर्फ चार या पाँच लोगों को ही परियाँ दिखाई दे सकती हैं।

अमावस्या की अँधेरी रात में गाँव के चार लोग गंगा किनारे नकटे के पास पहुँच गए। तभी नकटा गीत गाता हुआ झूम झूमकर नाचने लगा। उन चारों लोगों ने कहा–हमें भी परियाँ दिखाओ। नकटे ने जवाब दिया–देखते नहीं, मैं परियों के साथ नाच रहा हूँ। वहाँ मॉजूद चारों ने कहा–परियाँ कहाँ हैं? हमें तो दिखाई नहीं देती। यह सुनकर नकटा बोला–कैसे दिखाई देंगी, तुम्हारी आँखों के नीचे तो नाक है, उसके रहते परियों के दर्शन नहीं हो सकते।

तब चारों ने पूछा कि हमें परियाँ कैसे दिखाई देंगी। नकटे ने हँसते हुए कहा–अब देर काहे की, यह चाकू लो ओर अपनी नाक काट डालो और फिर मजे से परियों के साथ नाच-गाना करो।

परियों के देखने के लालच में चारों ने अपनी-अपनी नाक काट डाली। लेकिन उन्हें कोई परी दिखाई नहीं दी। नाक कट जाने और खून बहने से नाराज होकर वे धोखेबाज नकटे को मारने दौड़े। तभी नकटे ने रुककर उन्हें समझाया कि तुम्हारी नाक तो कट चुकी है, अत: गाँव में चलकर यही कहो कि नाक

कटने पर परियाँ दिखाई देती हैं। इसी प्रकार गाँव में कई नकटे हो गए और किसी को भी नकटा कहकर चिढ़ाना बिल्कुल बंद हो गया। तभी से मजाकवाली कहावत चल पड़ी कि 'आँखों के आगे नाक, सूझे क्या खाक!'

97
रँगा सियार

मगध के प्रांतर में एक सियार रहा करता था। वह बहुत ऊँची और बेसुरी आवाज में हुआँ-हुआँ किया करता था। इस कारण जंगल के दूसरे सियार उसे प्रचंडक कहा करते थे। एक दिन वह भूख से परेशान हो अकेला भटकता हुआ एक नगर में घुस गया। उसे देखते ही कुत्ते उसके पीछे दौड़ पड़े। भयभीत होकर प्रचंडक भागने लगा और घबराकर एक रँगरेज (कपड़ा रँगनेवाला) के घर में घुस गया। वहाँ नील के घोल से भरा हुआ एक नाँद रखा था। घबराहट में वह उस नाँद में कूद पड़ा। जब वह उस नाँद से बाहर निकला तब तक उसका पूरा शरीर नीले रंग का हो गया था। प्रचंडक के नीले रंग को देखकर कुत्ते चक्कर में पड़ गए। उन्होंने समझा कि यह सियार नहीं, बल्कि कोई और जानवर है।

अब तक प्रचंडक काफी परेशान हो चुका था। वह वहाँ से जान बचाकर भाग और नगर से बाहर निकल गया। उसने निश्चय कर लिया कि वह नगर या किसी बस्ती में कदापि नहीं जाएगा। भयभीत प्रचंडक तेजी से जंगल की ओर भाग रहा था, लेकिन जैसे ही जंगल के नजदीक पहुँचा, उसके रंग-रूप को देखकर वहाँ के जानवर डरकर दूर भागने लगे। जंगल के जीव-जंतुओं को भागते देखकर चतुर प्रचंडक एक टीले पर खड़ा होकर बोला, "रुक जाओ, मेरे वन-राज्य के पशुओं, मैं तुम लोगों को हानि नहीं होने दूँगा। मुझे वन देवी ने तुम्हारी भलाई के लिए भेजा है और इस जंगल का राज-पाट मुझे सौंप दिया है। मेरा नाम जीवमान है, तुम सब मेरा आदेश मानो और मेरे अधीन रहकर सुख से जीवन-यापन करो।"

जंगल के जानवरों ने उसकी बात सत्य मान ली और सिर झुकाकर उसका आदेश मानने लगे। उसने सिंह को अपना प्रधानमंत्री बनाया, बाघ को सेनानायक का काम सौंपा तथा आदेश दिया कि जंगल के सभी सियारों को भगा दो। उस रँगे

सियार को अपनी बिरादरी से ही भेद खुल जाने का डर था। भालू को खाद्य मंत्री बनाया, जो सब तरह का शिकार उसके सामने लाकर रखता, वह सबको हिस्सा बाँटकर देता तथा स्वयं भी छककर खाता था।

उस जंगल में सब कुछ ठीक-ठाक चल रहा था, किंतु अचानक एक गड़बड़ हो गई। रँगा सियार अपना दरबार लगाकर बैठा हुआ था। शाम होने लगी थी। तभी कहीं दूर से सियारों की हुआँ-हुआँ की कातर पुकार आने लगी। इस पुकार को सुनकर वह भावुक हो उठा। उसे लगा कि वह तो राजा बना हुआ है तो वह दया की भीख दे सकता है। ऐसा सोचकर वह खड़ा हो गया तथा अपनी असली आवाज में 'हुआँ-हुआँ' करने लगा।

दरबार में मौजूद शेर, बाघ और भालू ने 'हुआँ-हुआँ' की आवाज सुनी तो वास्तविकता समझ गए और उन्हें अपनी बेवकूफी पर लज्जा आई। किंतु उस रँगे सियार की धोखाबाजी पर गुस्सा भी आया। इसी बीच अपना भेद खुला जानकर रँगा सियार भागने लगा, लेकिन जानवरों ने वहीं पर पकड़कर उसका काम तमाम कर दिया।

तभी से बनावटी और धोखे से काम चलाने वाले व्यक्ति को रँगा सियार कहने की कहावत चल पड़ी।

98
लहरों की गिनती

मुगल बादशाह जहाँगीर के शासनकाल की बात है। महल में खाने-पीने के लिए रसद आदि का इंतजाम लाला दुलिचंद किया करते थे। इंतजाम तो अच्छा था, लेकिन लोगों में यह बात फैल

गई कि लाला दुलिचंद कुछ हेरा-फेरी करके अपनी आमदनी बढ़ा रहा है। बादशाह सलामत के कानों तक भी यह बात पहुँच गई, लेकिन उन्होंने कोई ध्यान नहीं दिया। कुछ दिनों के बाद बेगम नूरजहाँ ने भी शिकायत की, साथ ही अपने भाई सलामत खाँ को यह काम सौंप देने को कहा। बादशाह मान गए और महल का सारा इंतजाम दुलिचंद से लेकर सलामत खाँ को सौंप दिया गया।

बादशाह जहाँगीर को मालूम था कि दुलिचंद चतुर है इसलिए उसे इतवार को शाही मैदान में लगाए जानेवाले मेले का इंतजाम का काम सौंप दिया गया। प्रत्येक सप्ताह मेला लगाया जाने लगा, लेकिन दुलिचंद ने वहाँ पर भी अपनी कमाई शुरू कर दी। नूरजहाँ ने फिर बादशाह सलामत से शिकायत की और उसे वहाँ से हटा देने को कहा। आखिरकार, दुलिचंद को वहाँ से भी हटा करके सबसे मामूली काम सौंप दिया गया, जिसमें कहीं भी, कोई आमदनी की गुंजाइश नहीं थी।

आदेश दिया गया कि दुलिचंद को समुंदर के किनारे भेज दिया जाए। उसे सुबह से लेकर शाम तक वहाँ बैठकर लहरों की गिनती करनी है। दुलिचंद ने यहाँ भी अपनी बुद्धि का कमाल दिखाया। सामान से लदी हुई व्यापारियों की कोई नाव जब भी वहाँ आती, दुलिचंद उसे तुरंत रोक देता और कहता कि अभी शाही हुक्म से लहरों की गिनती हो रही है। व्यापारियों को इस कारण से विलंब और परेशानी होने लगी। ऐसी स्थिति में दुलिचंद उन व्यापारियों से कुछ धन देकर आगे जाने की इजाजत दे देता। इस प्रकार लहरों की गिनती में भी उस चतुर व्यक्ति ने आमदनी का रास्ता निकाल लिया। तभी से 'लहरों की गिनती' की कहावत चल पड़ी।

99

घर का जोगी जोगड़ा, आन गाँव का सिद्ध

बहुत पहले की बात है। नेपाल की सीमा के पास मिथिला क्षेत्र में मधुबनी ग्राम में आनंद गिरि नामक एक गरीब ब्राह्मण रहता था। भिक्षा वृत्ति तथा बच्चों को संस्कृत पढ़ाने से उसकी आजीविका चलती थी। उसकी बड़ी बहन मनोहर पुर में मंगलमूर्ति नामक व्यक्ति से ब्याही थी। मंगलमूर्ति वहीं गाँव के मठ मे गौशाला का प्रबंध करता था। मठ में रहने के कारण पूजा-पाठ तथा मंत्र-तंत्र में रुचि थी।

महीने-दो महीने पर पर्व-त्योहार के मौके पर मंगलमूर्ति करीब दस कोस की दूरी पर अपनी ससुराल मधुबनी पहुँच जाता था। वहाँ लोगों का पूजा-पाठ भी करवाया करता, जिससे गरीब आंनद गिरि की कुछ सहायता हो जाती थी। आनंद गिरि ने मंगलमूर्ति को पूजा-विधि तथा मंत्र-साधना सब पूरी तरह सिखा दीं। अब मधुबनी और उसके पास के गाँवों में मंगलमूर्ति सिद्ध बाबा के रूप में लोकप्रिय हो गए। वह प्रत्येक मंगल को मधुबनी पहुँच जाते और भक्तजनों के कल्याण के लिए हवन और पूजा-पाठ किया करते थे।

कुछ समय पश्चात् मंगलमूर्ति की पत्नीअपने मायके आई। वह भी वहाँ अपनी सहेलियों के साथ मनोहरपुरवाले सिद्ध बाबा का आशीर्वाद प्राप्त करने पहुँच गई। बाबा के रूप में अपने पति को प्रतिष्ठित देखकर उसे महान् आश्चर्य हुआ; किंतु वह अपने को रोक नहीं पाई और हँसकर बोली–'स्वामी' यह क्या स्वाँग रचा रखा है?'

उसके इतना कहते ही सारा भेद खुल गया। लोगों ने आनंद गिरि को भी आड़े हाथों लिया, जिसने मंगलमूर्ति को बाबा के रूप में वहाँ प्रतिष्ठित कर दिया था। लेकिन कई व्यक्तियों को बाबा के आशीर्वाद से लाभ हो चुका था। हंगामा सुनकर वहाँ के ग्राम प्रधान भी पूजा-स्थल पर पहुँच गए। सारी बातें जान-समझकर वे भी हँस पड़े और आनंद गिरि की ओर देखकर बोले, यही तो जगत् की रीत है-'घर का जोगी जोगड़ा, आन गाँव का सिद्ध।'

तभी से यह घटना कहावत के रूप में प्रचलित हो गई।

100

मनमोदक खाना

गंगा किनारे के गाँव भोजपुर में एक गरीब ब्राह्मण अपनी पत्नी के साथ निवास करता था। कई साल तक साथ रहने के बाद भी उनके कोई संतान नहीं हुई। उनकी आमदनी का कोई स्थायी जरिया नहीं था। गाँव में यजमानों से जो कुछ दान मिल जाता, उसी से उनका काम चलता था। लेकिन ब्राह्मण और ब्राह्मणी दोनों खूब बातें बनाया करते थे।

एक दिन की बात है कि पंडितजी गाय बाँधने की रस्सी और खूँटा ले आए। धर्मपत्नी के पूछने पर उन्होंने बताया कि घर में गाय का रहना बहुत जरूरी है। इससे दूध-दही के अलावा गोबर आदि जलावन भी मिलता है। पत्नी ने भी खूब हाँ-में-हाँ मिलाई और दूसरे दिन दो मटके और गाय के गले में बाँधने के लिए लाल डोरी वाली घंटियाँ भी ले आई। कुछ दिनों के बाद गाय के रहने के लिए जगह बना दी गई, साथ ही उसके पीने के लिए नाँद में पानी भी भरकर रख दिया।

इसके बाद कई दिनों तक दोनों आपस में चर्चा करते रहे कि गाय दूध देगी; उससे दही जमाया जाएगा और घी निकाला जाएगा। छाछ हम लोग पी लेंगे और घी को बेचकर काफी रुपए इकट्ठा करेंगे। हमारे पास जब बहुत से रुपए हो जाएँगे तो लोग उधार माँगने आएँगे, लेकिन हम गाँव वालों को रुपया उधार नहीं देंगे। इस बात पर पत्नी बोली कि रुपयों को मैं अपने छोटे भाई को भेज दूँगी जिससे वह कोई काम-धंधा शुरू कर लेगा। यह सुनकर पंडितजी कुपित हो गए कि ये रुपए तुम्हारे भाई को कदापि नहीं दूँगा, क्योंकि वह बड़ा बेईमान है। अपने भाई को बेईमान कहे जाने पर और रुपए नहीं दिए जाने की बात पर ब्राह्मणी जोर-जोर से रोने लगी। यह रोना-धोना और हंगामा सुनकर पड़ोस के लोग वहाँ आ गए तथा ब्राह्मणी से रोने का कारण पूछा। उनकी बात सुनकर एक पड़ोसी तुरंत अपना डंडा निकालकर दरवाजा पीटने लगा और बार-बार चिल्लाकर पंडितजी से रुपए माँगने लगा। वहाँ पर खड़े लोगों ने पूछा तो पड़ोसी ने ऊँची आवाज में कहा—भइया, इस पंडितजी की गाय ने मेरी फसल बरबाद कर दी है, उसका हर्जाना लेकर रहूँगा।

यह सुनकर सभी लोग हँस पड़े और बोले—ये लोग खयाली पुलाव पकाते हैं और मन के लड्डू खाते रहते हैं। तभी से 'मनमोदक खाने' की कहावत चल पड़ी है।

101
नाच न जाने आँगन टेढ़ा

उत्तर भारत में यह कहावत बहुत लोकप्रिय है। यह एक व्यावहारिक सत्य है कि अपनी कमियों तथा अज्ञानता को छिपाने के लिए लोग दूसरों को दोष दिया करते हैं। हारने पर क्रिकेट का

खिलाड़ी प्राय: अपने बल्ले की खराबी बताने लगता है। हॉकी के खिलाड़ी को स्टिक में दोष नजर आने लगता है।

नृत्यकला का ज्ञान रखने वाला ही अच्छा नाच सिखा सकता है अथवा अच्छा नाच सीख सकता है। लेकिन जिसे ठीक से नाचना नहीं आया, वह आँगन को ही टेढ़ा बताकर अपना दोष छिपाने की कोशिश करता है। साधारणतया यह देखने में आता है कि असफल होने पर नाचने वाली स्टेज, साज अथवा संगीतकारों को दोष देने लगती है। समाज में कोई भी व्यक्ति अपनी भूल और कमियों को आसानी से स्वीकार नहीं करता है। ऐसी स्थिति में उसे इस कहावत का व्यंग्य सहना पड़ता है–'नाच न जाने आँगन टेढ़ा।'

बहुप्रचलित इस कहावत का आरंभ लखनऊ में अवध के नवाबों के दरबार में हुआ। नवाब वाजिद अली शाह संगीत और नृत्य-कला के प्रेमी थे। उनके दरबार में गुलवदन नाम की एक अद्‌वितीय नर्तकी थी, लेकिन कंठस्वर ठीक नहीं रहने से वह गाना नहीं गाती थी। नृत्य के समय उसकी सखी रसबिंदुली मधुर स्वर में गीत गाया करती थी। लेकिन संगीत समारोह में खुश होकर नवाब और उनके दरबारी उपहार और बखशीश नाचनेवाली गुलवदन को ही दिया करते थे। प्रशंसा भी नर्तकी की होती थी, गानेवाली की कोई प्रशंसा नहीं होती थी। ऐसी स्थिति में कुछ दरबारियों ने रसबिंदुली को उकसाया कि तुम इतना अच्छा गाती हो, खूबसूरत हो, तो नाचना भी शुरू करो, सब लोग तुम्हारी तारीफ करेंगे और इनाम भी मिला करेगा। रसबिंदुली ने भी सोचा कि गाने के साथ नाचना भी शुरू करना चाहिए। एक दिन दरबार में नर्तकी गुलवदन नहीं आ सकी। शाम को एक समारोह का आयोजन था, अच्छा मौका मिला था।

महफिल सज चुकी थी। रसबिंदुली बहुत सजधजकर मंच पर उतरी। साज बज उठे और उसने गीत गाने के लिए अलाप भी लिया। लेकिन उसके पैर नाचने के लिए आगे नहीं बढ़ रहे थे। उपस्थित लोगों ने आवाजें लगाई और हिम्मत बढ़ाने की कोशिश करते रहे, लेकिन रसबिंदुली गाना गाती रही पर उसके पैर थिरकने के लिए आगे नहीं बढ़ पाए। बहुत चेष्टा के बाद भी वह नाच नहीं सकी और रुआँसी होकर मंच पर बैठ गई और बोली– "नाचूँ कैसे? यह आँगन ही टेढ़ा है।"

उस महफिल में नवाब के साथ उपस्थित सभी दरबारी हँस पड़े। तभी से यह कहावत चल पड़ी–'नाच न जाने आँगन टेढ़ा।'

102

मत चूको चौहान

'मत चूको चौहान'–यह कहावत भारतीय इतिहास की महत्वपूर्ण घटना से संबंध रखती है। समाज में बोलचाल के दौरान इस कहावत का खूब उपयोग होता है, जब परिस्थिति अनुकूल हो तो तुरंत पहल करनी चाहिए या शत्रु पर वार करने से नहीं चूकना चाहिए।

यह घटना भारत के महान् हिंदू सम्राट पृथ्वीराज चौहान के साथ घटी थी। गजनी के मुहम्मद गौरी ने कई बार आक्रमण किया, किंतु हर बार उसे पराक्रमी पृथ्वीराज ने पराजित किया था। अंत में मुहम्मद गौरी ने बहुत बड़ी सेना लेकर चढ़ाई की तथा घेरकर पृथ्वीराज चौहान को पकड़ लिया। उसे कैद कर गजनी ले जाया गया, जहाँ बड़ी निर्दयता से पृथ्वीराज की आँखें निकाल ली गई और अनेक भयंकर यातनाएँ दी जाने लगीं। वहाँ पृथ्वीराज के साथ उनके बाल-सखा और दरबार के कवि चंद

बरदाई भी थे। अपने प्यारे सम्राट की ऐसी हालत देखकर वे बहुत दुःखी हुए। मुहम्मद गौरी ने चौहान को तड़पा-तड़पाकर मारने की साजिश रची हुई थी। ऐसी स्थिति में चतुर चंद बरदाई ने एक योजना बनाई। उसने वहाँ बात फैलाई कि सम्राट पृथ्वीराज चौहान को शब्दभेदी की विद्या आती है, जिसके अनुसार ध्वनि सुनकर शब्दभेदी बाण मारकर लोहे की मोटी चादर में भी छेद किया जा सकता है। यह बात मुहम्मद गौरी तक पहुँची। उसने सोचा कि पृथ्वीराज को अंधा किया जा चुका है, वह देख नहीं सकता है। इसलिए उसके शब्दभेदी बाण चलाने का तमाशा देखा जाए। इसलिए कवि चंद बरदाई के कहने के अनुसार दरबार के सामने पूरा इंतजाम किया गया। चंद बरदाई ने पहले ही बता दिया था कि दरबार की दूसरी ओर सम्राट पृथ्वीराज के बैठने की जगह की ऊँचाई बादशाह की गद्दी के बराबर होनी चाहिए, तभी शब्दभेदी बाण का करतब ठीक से दिखाया जाएगा। अंधे पृथ्वीराज को संकेत देने के लिए दूसरी ओर लोहे का घंटा लटकाया गया। चंद बरदाई ने यह भी कह रखा था कि अपने सम्राट को मैं कविता सुनाऊँगा, तब वे बाण चलाएँगे। सब व्यवस्था पूरी हो जाने के बाद चंद बरदाई ने ऊँची आवाज में दोहा सुनाया–

'चार बाँस चौबीस गज अंगुल अष्ट प्रमाण।
ता ऊपर सुल्तान है, मत चूको चौहान।।'

इतना सुनते ही पृथ्वीराज ने आवाज की दिशा में संधान कर तीर चलाया, जो बादशाह गौरी की छाती के आर-पार हो गया, जिससे तुरंत उसकी मृत्यु हो गई। पूरे दरबार में हा-हाकार मच गया। उधर चंद बरदाई तत्काल अपनी तलवार निकालकर पृथ्वीराज की ओर दौड़ पड़ा। उसने एक वार में ही अपने सम्राट का गला काट दिया और दूसरे ही क्षण वही तलवार स्वयं

भोंककर धराशायी हो गया। इस प्रकार उनकी प्रतिज्ञा पूरी हो गई कि यवन बादशाह को मार डालेंगे, किंतु हम उनकी तलवार से नहीं मरेंगे।

उल्लेखनीय है कि आज भी गजनी शहर में बादशाह गौरी की कब्र के साथ सम्राट पृथ्वीराज चौहान तथा कवि चंद बरदाई की समाधियाँ मौजूद हैं, जो उस ऐतिहासिक घटना की मूक गवाह हैं।

103
ऐसी तैसी में जाव

आठ गाँव के चौधरी, बारह गाँव के राव।
अपने काम न आवै, तो ऐसी-तैसी में जाव।।

कोई कितना भी बड़ा और महत्वपूर्ण क्यों न हो, लेकिन अपने काम न आए तो बेकार ही है। इस कहावत में अपनी स्वार्थसिद्धि के लिए किसी के बड़प्पन को आँकने का प्रयास किया गया है।

लोक-व्यवहार में प्राय: ऐसा सुनने को मिलता है कि 'बड़ा होगा अपने घर में, हमें क्या करना! मेरा तो कोई काम नहीं किया।' हालाँकि यह संकुचित दृष्टिकोण है, लेकिन वर्तमान परिस्थितियों में काफी व्यावहारिक है। ऐसी परंपरा रही है कि स्वभावत: मानव उसी का गुणगान करता है, जो उसके काम आए, जिस व्यक्ति से उसका स्वार्थ-साधन नहीं होता है, वह बड़ा होने पर भी उसके लिए महत्वहीन है। पुराने समय में राजस्थान की एक गरीब महिला का कथन अब भी प्रचलित है।

यह कहावत आजकल धनिक तथा सत्तासीन नेताओं की बेरुखी के लिए अधिक कही जाती है।

104
मोल करो तलवार की

उत्तरी भारत के हिंदी भाषी राज्यों में यह कहावत अधिक प्रचलित रही है। इसका अर्थ है कि मुख्य उद्देश्य की चर्चा करें, फालतू बातों में समय खराब न करें। यह पूरा दोहा इस प्रकार है–

'जाति ने पूछो साधु की, पूछ लीजिए ज्ञान।
मोल करो तलवार की, पड़ा रहन दो म्यान।।'

105

आवे आम या जाय लबेदा

भारत में आम के पेड़ बहुतायत में पाए जाते हैं। गरमी के मौसम में आम के वृक्षों में फल आते हैं। छोटे वृक्षों में लटक रहे आम के फलों को आसानी से तोड़ा जा सकता है, लेकिन बड़े और ऊँचे वृक्षों पर लटके आम को तोड़ना मुश्किल होता है। गाँव के आस-पास के बाग-बगीचों में लड़के आम के फलों को तोड़ने के लिए पेड़ों पर पत्थर या ईंट के टुकड़े उछालते हैं; लेकिन एक दूसरा तरीका कई छोटे-छोटे पत्थरों को रस्सी या डोरी में गूँथकर लबेदा बनाना है। ऐसे लबेदा (झवेदा) को लटक रहे आम के फलों पर फेंकने से कई आम टूटकर नीचे आ गिरते हैं, लेकिन प्राय: ऐसा भी होता है कि लबेदा फेंकने पर आम टूटकर नहीं गिरता और लबेदा वृक्ष पर ही लटका रह जाता है।

इसलिए उत्तरी भारत के गाँवों में यह कहावत प्रचलित हो गई कि 'आवे आम या जाय लबेदा।' मतलब यह कि किसी काम को पूरा करने के लिए जो सहारा (या माध्यम) अपनाया गया, काम पूना न होने पर वह भी हाथ से चला जाता है।

106

समरथ कहुँ नहिं दोषु गोसाईं

समस्त हिंदी क्षेत्र, विशेषकर भारत के उत्तर-पूर्वी प्रदेशों में यह कहावत बहुत प्रचलित है। लोक-व्यवहार में यह देखा जाता है कि जो समर्थ है या सत्ता में है, उसके अवगुणों को या गलत कार्यों की भी अनदेखी की जाती है।

यह कहावत तुलसीदास कृत 'रामचरितमानस' की एक चौपाई का भाग है। पूरी चौपाई इस प्रकार है–

'समरथ कहुँ नहिं दोषु गोसाईं।
रवि, पावक, सुरसरि की नाईं।।'

107

कोउ नृप होय हमहि का हानी

कोई राजा हो, मुझे क्या फर्क पड़ता है। इस तरह की कहावत गाँव-गाँव और शहर-शहर में कही जाती है। वर्तमान काल में कोई व्यक्ति या पार्टी (दल) सत्ता में आ जाए तो आम लोगोंके जीवन में कोई अंतर तुरंत नहीं आता है। अतः साधारण जन अपने दैनिक कार्य से मतलब रखते हैं तथा सत्ता में कौन आया, कौन गया, इन बातों की उपेक्षा करते हैं।

यह कहावत महाकवि तुलसीदास कृत रामचरितमानस की चौपाई की पंक्ति है। प्रसंग अयोध्या में राज्याभिषेक समारोह का है। राजसिंहान पर श्रीराम बैठेंगे या भरत? उसी अवसर पर कैकेयी की दासी मंथरा का कथन है–

'कोउ नृप होउ हमहि का हानी।
चेरि छाडि अब होव कि रानी।।'

108

मोकों कहाँ सीकरी सो काम

मथुरा के संत कुंभनदास का यह कथन भी लोगों में बहुत प्रचलित रहा है। मुगल बादशाह अकबर की राजधानी आगरा के पास ही फतेहपुर सीकरी में स्थित थी। प्राय: लोग कुछ प्राप्ति की कामना लेकर वहाँ जाया करते थे, उनमें से अधिकांश लोगों को निराश होकर खाली हाथ लौटना पड़ता था। उन्हें परेशानी होती थी और समय भी बरबाद होता था। तभी इस संत ने कहा–

'मोको कहाँ सीकरी सो काम।
आवत-जात पनहिया टूटी
बिसर गयो हरि नाम।'

109

आपद काल परिखिअहिं चारी

यह कहावत भी गोस्वामी तुलसीदास की काव्य सूक्ति के रूप में प्रसिद्ध है। पूरी पंक्ति इस प्रकार है–

'धीरज, धर्म, मित्र अरु नारी।
आपद काल परिखिअहिं चारी।।'

अर्थात् जब संकट की स्थिति आती है, तभी इन चारों की वास्तविकता की पहचान होती है। संकट के समय धैर्य बना रहे,

व्यक्ति धर्म पर अडिग रहे तो उसके धर्मवाले उसकी सहायता करेंगे।

उसी प्रकार कहा जाता है कि 'सुख में सुमिरन सब करै, दुःख में करै न कोय,' सुख की स्थिति में एक नहीं अनेक लोग मित्र बन जाते हैं, लेकिन सच्चा मित्र वही है जो संकट की बेला में साथ दे और अपनी मित्रता को निभाए। यह बात किसी नारी (पत्नी) के लिए भी कही जाती है कि संकटकाल में भी जो नर (पति) का साथ निभाए वहीं नारी-धर्म का पालन है।

110

निज मन की व्यथा ?

मध्यकालीन भारत के लोकप्रिय कवि रहीम के कई दोहे समाज में कहावत के रूप में प्रचलित हो गए हैं। जिनमें उपदेश के साथ तर्कसंगत बातें कही गई हैं। प्रायः लोग अपना दुःख तथा निजी व्यथा दूसरों को बतलाया करते हैं, लेकिन कुछ व्यक्ति ऐसे भी होते हैं जो दूसरों की व्यथा सुनकर उनकी असफलता और परेशानियों पर हँसते हैं। इसीलिए यह दोहा कहा गया है–

'रहिमन निज मन की व्यथा, मन ही राखो गोय।
सुन इठलइहैं लोग सब, बाँटि न लेइहैं कोय।।'

111

जाने सकल जहान

कवि रहीम के नीति संबंधी दोहों में एक बहुतही लोकप्रिय दोहा है–

'खैर, खून, खाँसी, खुसी, बैर प्रीत मधुपान।
रहिमन दाबे, ना दबै, जानत सकल जहान।।'

अर्थात् कुछ ऐसी बातें हैं जिनको कितना ही गुप्त रखने की कोशिश की जाए, फिर भी वे छिपी नहीं रहती हैं; समाज में लोगों को पता चल ही जाता है। इस पूरे दोहे का अर्थ है कि खैर यानी कत्था जो पान के साथ खाते हैं, जिससे मुख में लाली आती है, अत: यह छिप नहीं सकती है। किसी की हत्या या खून का मामला भी छिपाया नहीं जा सकता, वह लोगों को पता चल ही जाता है और खाँसी, इस बीमारी में रोगी को खाँसना पड़ता है तो स्पष्ट पता चल जाता है कि व्यक्ति को खाँसी है। उसी प्रकार किसी की खुशी भी छिपाए नहीं छिपती है। जब किसी व्यक्ति की किसी से शत्रुता होती है तो यह वैर-भाव भी छिपा नहीं रहता है; अन्य लोगों को इसकी जानकारी हो ही जाती है।

यही हाल प्रेम संबंधों का है। यदि किसी से प्रेम है तो धीरे-धीरे यह बात अन्य लोगों को भी मालूम हो जाती है। इसी प्रकार शराब का पीना यानी 'मधुपान' भी छिपाया नहीं जा सकता है। शराब की तेज गंध और शराबी की नशीली हरकतें—इस बात को उजागर कर देती हैं।

इसीलिए यह कहावत प्रचलित हो गई। इन बातों को छिपाने का प्रयास करने पर भी ये छिपती नहीं हैं और 'जाने सकल जहान' की स्थिति आ जाती है।

112

तेल देखो, तेल की धार देखो

पुराने समय की बात है, रास्थान की एक रियासत में राजकुमार के चार मित्र थे। पहला मित्र उसकी राजपूती शानवाला घुड़सवार सिपाही था, दूसारा पूजा पाठ करने वाला पंडित था तीसरा फूलों का बाग लगाने वाला माली तथा चौथा तेल का व्यापार करने वाला तेली था। इन चारों के साथ राजकुमार की गहरी मित्रता थी। उस रियासत में वृद्ध राजा की मृत्यु के बाद राजकुमार को गद्दी मिली और वह राजा बन गया। राजा बनने के बाद भी उसने उन चारों रोस्तों को साथ रखा और उन्हें मंत्री बना दिया।

पड़ोस के राजा को पता चला कि नया राजा भोग विलास में डूबा रहता है। और अपने चार अनुभवहीन मंत्रियों से किसी प्रकार राजकाज चलाता है। तब उसने राज्य पर आक्रमण करने की घोषणा कर दी।

ऐसे स्थिति में उस रियासत के नये राजा ने अपने चारों मंत्रियों को तुरंत बुलाया और गंभीर स्थिति से मुकाबला करने की सलाह मांगी। राजपूती शानवाला सैनिक मंत्री ने कहा कि युद्ध की घोषणा करें और हम सब लड़ाई के लिए तैयार हो जायें। पंडित मंत्री ने शांत और स्थिर मन से सलाह दी कि अचानक ऐसी मारकाट मचाने से क्या लाभ होगा। मुझे राजदूत बनाकर भेजें और पड़ोसी राज से सुलह कर लें। राजा के तीसरे मित्र ने सलाह दी–'अभी बसंत-बहार का मौसम है, रंग-बिरंगे फूल खिले हैं, गर्मी का मौसम आने दें फिर गौर किया जा सकेगा।'

अंत में चौथे मित्र तेली की बारी आयी। उसने पहले के तीनों मित्रों की सलाह भी सुन ली थी। वह गंभीर होकर बोला–

"महाराज, आप घबरायें नहीं, धीरज रखें। अभी, तेल देखिये और तेल की धार देखियें,….।" ऐसे विकट मामले में जल्दबाजी नहीं करें। तभी से यह कहावत चल पड़ी कि-"तेल देखो, तेल की धार देखो।"

113

टके का नमक वास्ते, उठा मेरी पालकी

मध्यकालीन भारत की बात है, एक जमींदार के यहाँ पालकी उठाने के लिए आठ कहार नौकर थे। एक दिन उन्हीं में से एक को मालिक ने बाजार से एक टका का नमक लाने के लिए कहा। सब कहार बोले, "सरकार, हम सिर्फ पालकी उठाने के लिए है, और तरह का काम हम नहीं कर सकते।"

तब कुछ देर सोचकर मालिक बोला, "बहुत अच्छा पालकी ले आओ, मैं खुद ही जाऊँगा।

मालिक ने एक दुकानदार के यहाँ नमक देखा, पसन्द नहीं आया, दूसरे पर भाव न पटा। यों ही दुकान-दुकान मालिक पालकी पर चढ़ा फिरता रहा। अंत में एक दुकान से दो रुपये का नमक लेकर घर लौटा। पालकी उठाने वाले कहार काफी परेशान हो चुके थे। इसके बाद से कभी कहारों ने बाजार से सौदा लाने के लिए इनकार नहीं किया।

114
बनारस तक ही पढे हैं!

जब गाँव में कोई बाहरी आदमी आ जाता, तो सबका ध्यान उधर खिंच जाना स्वभाविक है, सब उसके बारे में जानना चाहते, तथा बातचीत करने को भी उत्सुक रहते हैं। अगर पास पड़ोस में किसी के घर दामाद आया तो मुहल्ले टोले की स्त्रियाँ, उससे बातें करने को आजाद होती हैं।

पटना के पास एक गाँव में किसी मारवाड़ी अग्रवाल के यहाँ उनके बनारस निवासी नए दामाद गौना कराने पहुँचे। मुहल्ले की लड़कियाँ और बहुएँ भी, वहाँ गीत गाने के बहाने और चुहलवाजी से दिल बहलाने पहुँच गई।

कभी-कभी तो स्त्रियाँ ऐसे सवाल पूछ बैठती कि दामादजी चकरा जाते। किंतु पढ़ा-लिखा न होने पर भी आदमी होशियार था।

एक स्त्री ने सवाल किया, "कहिए आप कहाँ तक पढ़े हैं?"

बीच में ही दूसरी बोली, "जरा मेरी यह चिट्ठी पढ़ दीजिएगा।"

दामादजी अपनी निरक्षरता प्रकट नहीं होने देना चाहता था। चिट्ठी हाथ में लेकर बोला, "यह चिट्ठी तो मैं नहीं पढ़ सकता।"

एक स्त्री ने पूछा, इसमें ऐसी क्या बात है?

जिस स्त्री ने चिट्ठी दी थी, उससे दामादजी ने पूछा, "वह चिट्ठी कहाँ से आई है?"

स्त्री ने जवाब दिया, "दिल्ली से।"

दामादजी ने कहा, "इसलिए तो मुझसे नहीं पढ़ी गई। हम तो बनारस तक ही पढ़े है।"

115

ऊँट के गले में बिल्ली

राजस्थान के रेगिस्तान के किनारे बसे गाँव में एक आदमी का ऊँट भाग गया। बहुत खोजने पर भी नहीं मिला तो परेशान होकर उस आदमी ने कसम खायी कि अब ऊँट नहीं रखूँगा। यदि ऊँट मिल भी गया तो केवल सौ टके में उसे बेच दूँगा। संयोग

की बात, कुछ दिनों के बाद वह ऊँट भूख से बेहाल हो वापस घर लौट आया।

अब उसके मालिक के सामने असमंजस की स्थिति आयी, क्योंकि कई लोग के सामने उसने ऊँट मिलने पर उस ऊँट को केवल सौ रुपये में बेच देने की बात कही थी। ऐसी स्थिति में उसके पड़ोसी मित्र ने सलाह दी कि ऊँट के गले में एक बिल्ली बांध दो। ऊँट की कीमत सौ तथा बिल्ली की कीमत दो हजार रुपये और दोनों का सौदा एक साथ होगा–बस बात बन गयी।

तभी से ऊँट के गले में बिल्ली की कहावत प्रचलित हो गई।